路遥画传

申沛昌　厚夫　袁广斌 ◎ 著

新华出版社

图书在版编目（CIP）数据

路遥画传 / 申沛昌，厚夫，袁广斌著. --北京：新华出版社，2022.10

ISBN 978-7-5166-6477-3

Ⅰ. ①路… Ⅱ. ①申… ②厚… ③袁… Ⅲ. ①路遥（1949-1992）—传记—画册 Ⅳ. ①K825.6-64

中国版本图书馆CIP数据核字（2022）第179136号

路遥画传

作　　者：申沛昌　厚　夫　袁广斌

出 版 人：匡乐成　　　　　　　　出版统筹：许　新
责任编辑：徐　光　李　成　　　　封面、扉页题字：韩亨林
封面设计：李尘工作室

出版发行：新华出版社
地　　址：北京市石景山区京原路 8 号　　邮　　编：100040
网　　址：http://www.xinhuapub.com
经　　销：新华书店、新华出版社天猫旗舰店、京东旗舰店及各大网店
购书热线：010-63077122　　　　中国新闻书店购书热线：010-63072012

照　　排：李尘工作室
印　　刷：三河市君旺印务有限公司

成品尺寸：180mm×215mm
印　　张：12.1　　　　　　　　　字　　数：133千字
版　　次：2022年11月第一版　　　印　　次：2022年11月第一次印刷

书　　号：ISBN 978-7-5166-6477-3
定　　价：80.00元

版权专有，侵权必究。如有质量问题，请与出版社联系调换：010-63077124

《路遥画传》编委会

- 总 策 划　　匡乐成　许　新
- 主 任 委 员　　申沛昌　张金锁　高子伟
- 副主任委员　　厚　夫　袁广斌

序

梁相斌

中国现当代文学有两座高峰,一座是鲁迅,另一座是路遥。这是我个人的看法,代表不了任何人,只代表我自己。

鲁迅的时代是中国文学史上的一个高原,同时代的茅盾、郭沫若、巴金、老舍、沈从文等文学巨匠铸就了中国现代文学的辉煌。鲁迅被誉为"二十世纪东亚文化地图上占最大领土的作家"。

毛泽东评价说:"鲁迅的方向,就是中华民族新文化的方向。"习近平总书记2016年11月30日在中国作协九大、中国文联十次代表大会开幕式上的致辞中,号召作家、艺术家们用心用情创作艺术精品时说:"路遥的墓碑上刻着'像牛一样劳动,像土地一样奉献'。"我认为,路遥的作品之所以广泛而深入人心,是因为他的创作态度和方向代表了当代文学应有的方向。之所以用"应有",是因为路遥这座高峰有些突兀,几十年来并未形成群峰竞秀的局面。

路遥和鲁迅一样深深地热爱祖国,热爱生育养育自己的这片土地。

阿Q、孔乙己、祥林嫂、闰土这些栩栩如生的人物形象，反映了鲁迅对旧中国底层人民群众最深切的同情，为这些被侮辱与被损害的人们不幸的命运发出痛彻心扉的"呐喊"。

高加林、孙少平、孙少安这些"出身农门，不甘心农门"，不屈服命运摆布，具有英雄主义和浪漫主义色彩的人物形象，深刻地再现了改革开放初期一代回乡知识青年艰苦奋斗、追求梦想的心路历程。

鲁迅"吃的是草，挤出的是奶""横眉冷对千夫指，俯首甘为孺子牛"的精神；路遥"像牛一样劳动，像土地一样奉献"的人生信念，反映了"两座高峰"共有的人生观和价值取向。

为了谁而文学，就会产生不同品格的作品和作家。很多作家为了金钱地位、为了"流量"关注，不惜出卖灵魂，趋炎附势，或写出毒害青少年灵魂的淫词滥调，或谄媚奉承于金主。

我们这个时代不缺少作家，作协每年都有大批新会员加入。但是，我们缺少鲁迅，也缺少路遥。文学需要"百家争鸣，百花齐放"，更需要引领时代的先锋，时代呼唤以人民为中心的"人民作家"。

成长为作家，需要社会环境。路遥的成就主要源于路遥的努力。但是没有延安大学，没有慧眼识珠的申沛昌，他的人生将会是另一个样子。现在大多数图书的出版，个人需要付给出版社出版费用，或承诺自费购书。能够列入出版社本版书,或能获得国家资助出版的图书量很少,更重要的是缺少伯乐。

路遥在《早晨从中午开始》中回顾了《平凡的世界》艰难的出版过程,投稿多个出版社被拒。《路遥文集》出版,延安大学在有限的经费中挤出5万元给予资助。《平凡的世界》问世后,评论界不大认可,绝大多数"评论家"认为这是一部失败的作品。《平凡的世界》(第一部)研讨会后,路遥在柳青墓前转了很长时间,猛地跪倒在柳青墓碑前,放声大哭。路遥这一哭,哭出了多少艰辛与无奈!

延安大学是中国共产党创办的第一所综合性大学,是我的母校。延大不仅重视对学生的在校培养,对进入社会的学生也不断给予支持。延大的宽容、无私、慷慨,一次次温暖着路遥。路遥曾写过:"延大啊,这个温暖的摇篮……"延大书记张金锁表示:"路遥离世后,学习、宣传、研究路遥精神成为延大义不容辞的责任。"近年来,学校致力于路遥精神的传承与弘扬,建立了路遥文学馆,开设了路遥研究课程,建立了路遥与知青文学研究中心。路遥的文学世界,在延大这座精神家园中依然生生不息,文脉长青。

在纪念路遥逝世30周年之际,延安大学与新华出版社共同策划编写出版这本《路遥画传》,通过言简意赅的路遥生平叙述,配以170多幅图片，全面展示路遥短暂而精彩的一生，突出他的奋斗精神、不为困难折服的意志以及他在文学艺术上的不断探索、忘我劳动、取得辉煌成就的过程，给读者朋友们提供一个更直观地了解路遥人生的方式。

《路遥画传》出版，当是路遥研究成果的最新呈现，也是延安大学深入学习路遥精神的又一个重要举措，更是文坛一件幸事。

是为序。

2022 年 9 月 23 日

梁相斌： 延安大学汉字研究中心首席教授。新华社北京分社原社长，新华出版社原社长，高级编辑，著名记者，博士生导师。中国行为法学会医疗健康法制研究会会长，中国行为法学会廉政研究委员会副会长。

目录

第一章　苦水里泡大的童年 ……………………………… 1
出生在清涧的"卫" ………………………………… 2
官名叫"王卫国"的延川男孩 ………………………… 14

第二章　喜欢读书的好少年 ……………………………… 19
进入县城读书的少年 ………………………………… 20
畅游在知识的海洋里 ………………………………… 26

第三章　文学摇篮期 ……………………………………… 35
革命狂欢时 …………………………………………… 36
与北京知青的交往 …………………………………… 40
改名叫"路遥"的"山花诗人" ……………………… 47
附：路遥延川时期发表的作品 ……………………… 54

第四章　大学时代 ………………………………………… 59
进行系统的文学阅读 ………………………………… 60
抓住"紧要处"的文学表达 ………………………… 75
附：路遥大学时代发表的作品 ……………………… 81

第五章　抒写城乡融合的独特感受 ……………… 93
　　发表中篇小说《惊心动魄的一幕——一九六七年纪事》 ………… 94
　　创作中篇小说《人生》 ……………………………… 103

第六章　书写陕北农村的恢宏史诗（上）……………… 113
　　捕捉"社会大转型"时期的历史诗意 ……………………… 114
　　创作前的准备工作 …………………………………… 121
　　信心十足的第一部创作 ………………………………… 128

第七章　书写陕北农村的恢宏史诗（下）……………… 139
　　第一部"一波三折"的发表过程 ………………………… 140
　　"迎风而立"的第二部创作 ……………………………… 148
　　燃烧生命的第三部创作 ………………………………… 159

第八章　倒在干渴的路上 ……………………………… 169
　　站在第三届"茅盾文学奖"领奖台上 …………………… 170
　　撰写创作随笔《早晨从中午开始》 ……………………… 181
　　倒在干渴的路上 ………………………………………… 188

尾　声　永远的路遥 …………………………………… 199

后　记 …………………………………………………… 229

第一章

苦水里泡大的童年

出生在清涧的"卫"

我国当代已故著名作家路遥,生于陕北清涧、长于延川。现在他的出生地王家堡村建有"路遥纪念馆";他青少年时期的成长地延川县郭家沟村,有"延川路遥故居";他的母校延川县城关小学与延川中学,均建有"路遥纪念室"。

路遥1949年12月2日出生时清涧县石咀驿镇王家堡家里的窑洞。(袁广斌摄)

第一章　苦水里泡大的童年

路遥的亲生父亲王玉宽和母亲马芝兰。（袁广斌摄）

路遥的亲生父母与几个子女合影。（资料照片）

1949年12月2日，也就是农历己丑牛年的十月十三，路遥出生在陕北清涧县王家堡村，父亲叫王玉宽，母亲叫马芝兰。他是父母的长子，属牛，乳名叫"卫"。这样，我们就不难理解他一生为何把"牛"作为自己人生的象征物，并写出"像牛一样劳动，像土地一样奉献"的座右铭了。

清涧县历史悠久，新石器时期就有先民生息，先秦时期为"全秦要户"。清涧县素产青石，"清涧石板"很有名。陕北有俗话："米脂的婆姨绥德的汉，清涧石板瓦窑堡的炭。"

王家堡村在清涧县北部的石咀驿乡，距县城45公里，距绥德县30公里路程。村子虽小，出入却很方便。古代社会里，南下延安的人，都要经过这个不起眼的小山村，翻过九里山，再到清涧城。民国时期修建的陕北交通大动脉咸榆公路就经过此地。

清涧县王家堡村路遥家里人1963年迁入的窑洞。（南智明摄）

路遥的父亲，排行老二。1940年春，路遥的爷爷王再朝响应陕甘宁边区政府号召，由清涧县的王家堡村移民到延川县郭家沟落户，还分别给大儿子和二儿子娶了媳妇。

1947年是个特殊的年份，胡宗南进攻延安，中共中央开始转战陕北。路遥的父亲王玉宽是1947年在延川县郭家沟成亲的，路遥外祖父也是走南路来到延川县刘家圪崂村定居的绥德人。1948年，陕北开始大面积土改时，王再朝老汉领着二儿子王玉宽、带着媳妇马

第一章
苦水里泡大的童年

芝兰回到王家堡村王家老地方，让大儿子继续留在地多的延川县郭家沟村居住。这样，路遥出生在清涧县才顺理成章。

路遥的生母马芝兰，自从18岁生了长子"卫"后，共生了六男三女。1951年生名叫"荷"的女儿（即王荷，二十多岁因挖野菜在山崖下摔伤，1975年病亡）；1953年生路遥的大弟"刘"（即王卫军，1970年参军，1974年退伍后分配到陕西省结核病院工作，1985年11月调到延安地区工商局工作，1997年5月16日病逝）；1956年生路遥的二弟"四锤"（即王天云，1972年也来到延川县大伯家为子，现在延川县郭家沟村生活）；1959年生路遥的三弟"猴蛮"（即王天乐，生前任《陕西日报》记者，2007年病逝）；1962年生路遥的二妹"新

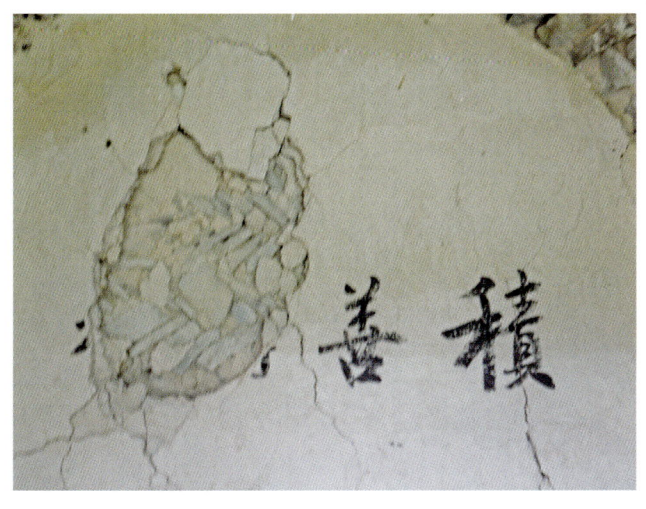

路遥出生的小院窑洞后墙上，至今仍有"积善行德"残字。（袁广斌摄）

路遥与二弟和三弟合影。(来自闻频回忆路遥文章插图)

芳"(即王萍,在世);1966年生路遥的三妹"新利"(即王瑛,在世);1968年生路遥的小弟弟"九娃"(即王天笑,2016年病逝)。其间,大约在1952年还生过一个男孩,这个男孩在三岁左右夭折了。这项艰巨的生育工作到1968年生完"九娃"后结束。因此,后来研究路遥家世的文章均称路遥是兄妹八人。其实,是兄妹九人,不然"九娃"的来历怎样解释?

"卫"在一岁左右时,因母亲再一次怀孕,他就被奶奶接去抚养。

20世纪80年代，路遥与母亲马芝兰和弟弟王卫军在一起。

"卫"被母亲"抛弃"了，但却在奶奶那里找到了初来人世后的情感滋养，这也为他后来能顺利给大伯"顶门"为儿埋下了伏笔。1953年，路遥爷爷病逝后，奶奶搬到延川县的长子那里去居住。

路遥长篇小说《平凡的世界》，对三世同堂的孙少平家瘫在炕头的"老奶奶"形象的刻画，其原型就来自路遥的奶奶。我们可以在这一家三代身上，感受到把人间苦难转化为家庭温暖的情感力量。

贫穷是陕北20世纪五六十年代农村人形象的代名词，王玉宽家

学龄前的路遥经常把砍回来的柴整整齐齐地摞在这个硷畔上。（袁广斌摄）

也不例外，仅仅能维持基本的生存。"卫"在最初的人生历程中，有几次差点夭折的经历，他后来在《早晨从中午开始》中有所记述。在缺医少药的陕北农村，婴幼儿的死亡率居高不下，但"卫"却奇迹般地躲过了死神的缉拿。

穷人的孩子早当家，这是基本的生存法则。陕北还有句俗话：男孩不吃十年闲饭。其实，"卫"自四五岁起就开始跟在大人后面干自己力所能及的事情，照看弟弟妹妹，这是基本的义务劳动。除此

第一章
苦水里泡大的童年

之外,在夏天要寻猪草,在冬天要砍柴。路遥母亲马芝兰老人生前回忆,卫儿很懂事,在七八岁时,每年给家里砍的柴都能整整齐齐地垛在一起,很让村里人羡慕。

20多岁的路遥女儿路茗茗与祖母马芝兰在一起。(资料照片)

"卫"尽管在上山砍柴时会遇到死亡的危险,但他明白这是他的目标,他必须爬起来再干。他那时并不一定懂得这也是中国北方山区农村孩子认知社会的基本方式。

路遥生母马芝兰老人这样回忆:

我家路遥从小就是个精,就是脑子精,从来就没让我急过肚子。七八岁上就会砍柴了。砍的柴捆成捆,摞在硷畔上,摞下美美一摞。俊得人贵贱不能烧。

朋友们阅读路遥长篇小说《平凡的世界》,会发现孙少安的童年生活与这个"卫"的童年生活很相似,这也充分证明路遥把自己的

延川郭家沟路遥旧居。（2004年袁广斌摄）

人生经历与体验融入了少年孙少安的塑造中了。

马芝兰虽是文盲，但很有艺术天赋，她会唱几十首陕北民歌。王家堡村每年春节闹秧歌时，她可以即兴自编自唱，就连那些唱秧歌的老把式，她也没放在眼里。童年时的"卫"最爱听母亲唱那些婉转动听的民歌，他有时还跑到王家堡村的五叔那里听他弹三弦，说"链子嘴"。"卫"的音乐才能，得益于生母马芝兰的基因遗传与影响。

第一章
苦水里泡大的童年

延川县郭家沟路遥故居前的小溪。（南智明摄）

到入学年龄，"卫"想念书，可是父母太穷，没法儿供他上学。父亲只好用"顶门"的方式把"卫"过继给大哥，让大哥供孩子念书。

就在1957年陕北深秋的一天早晨，"卫"在父亲的带领下，踏上了去延川的路。这条路线中最难走的是清涧县的九里山。

九里山横亘在清涧县，成为陕北无定河水系与秀延河水系的分水岭。王家堡村在无定河流域，发源于九里山的王家堡村河，由西

清涧县王家堡村路遥父母住了几十年的窑洞。（郭伟摄）

向东，在绥德县的田庄镇汇入淮宁河后，又拥抱无定河去了。而翻过九里山，则到了秀延河流域。

他们父子俩要去的延川县郭家沟村，就属于秀延河流域的村庄。这段盘绕在九里山的简易公路是卫儿有史以来走过的最难走的路。

20世纪80年代中期，路遥在创作《平凡的世界》第一部时，把"九里山"写进小说：

从县城到他的村有七十华里路。这条路连接着黄土高原两个地区，因此公路上的汽车还是比较繁多的……不过，山两面公路的坡度还是很长很陡的。这里汽车事故也最多，公路边的

第一章
苦水里泡大的童年

排水沟里，常常能看见翻倒的车辆——上坡时慢得让司机心烦，下坡时他们往往发疯地放飞车，结果……上这坡时，所有的自行车都不可再骑了。

中途歇在清涧县城。第二天天刚亮，父亲就吆喝"卫"起来。他把"卫"领到早市上，用身上仅有的一毛钱为儿子买了碗油茶，自己则用干粮充饥。看着儿子喝下最后一口油茶后，他拉着儿子的小手上路了。那天傍晚时分，"卫"父子俩出现在延川县里城关公社的郭家沟村。

"卫"的第一次远行情形，深深地嵌在路遥的脑海里。1987年的一天，成名后的路遥曾对清涧籍的朋友朱合作说起过此事：

那时候家穷，没有办法，我父亲拖拉着我，走到清涧县城里以后，用仅有的一毛钱给我买了一碗油茶，又继续走到延川县。

父子俩风餐露宿，一路上所经历的艰辛也成为路遥一生心中永远的痛点。

这次"出清涧"是路遥人生的重要转折，在他短暂的一生中具有极其重要的影响。

官名叫"王卫国"的延川男孩

路遥生于清涧县、长于延川县。我们可以设想,倘若路遥永远留在清涧县,他很可能只是个目不识丁的优秀农民。但是,他来到延川就有可能成为一个人物,因为延川县有着悠久的人文历史。陕北有句民谚:"文出两川,武看三边。"文出"两川"的一川就是"延川",这说明古代延川的文脉深厚。

1991年9月26日,也就是路遥的长篇小说《平凡的世界》荣获第三届"茅盾文学奖"的半年之后,路遥荣归故里,应邀在延川县当时最豪华的大礼堂——延川影剧院给全县的各界人士作了一场报告。他在这个报告中这样开宗明义地谈他对于延川的感情:

我尽管出生在清涧县,实际上是在延川长大的,在延川成长起来的。所以,对延川的感情最深。在我的意识中,延川就是我的故乡,就是故土。而且,我的创作、作品中,所有的生

第一章
苦水里泡大的童年

路遥的养母李桂英。（邢仪油画作品）　　路遥的养母李桂英。

活和它的生活背景和生活原材料，大部分都取材于这个地方。

每个作家谈自己的创作活动和他的思维方式和思维活动，都不能离开他的生活经历和他生存的地方。这就是说每一个人都有一个根，这个根就像树木的根一样。尽管树干、树枝、树叶可以向空中任意地伸展，根老是扎在一个地方。

从这个意义上说，我对延川这块土地，永远抱着感激的心情。在我这本书（《平凡的世界》——注），写过一句总献词——"谨以此书献给我生活过的土地和岁月！"实际上就是献给延川的。

延川县郭家沟路遥故居外的路遥塑像。(南智明摄)

路遥讲这段话时,距 1957 年的"出清涧记",已经整整有三十四年的时空岁月。在此,他毫无遮掩地向世界告知了延川之于自己的意义。

路遥的大伯家,在延川县城西北文安驿川 5 公里处南侧的郭家沟村里。这个地方目前正在高速公路延川县城的出口位置,游客若

第一章
苦水里泡大的童年

来游览，会发现那里已经立有著名作家贾平凹题写的"路遥故居"大字招牌。

自 1957 年秋到延川顶门为儿后，路遥在延川生活、学习、工作至 1973 年。其间，与北京知青结下深厚友谊，后娶知青林达为妻。1973 年 9 月，自延川进入延安大学中文系学习。

父亲把"卫"送到延川大伯家后，在第三天早晨告诉"卫"，他要到延川县城赶集去，明天再领"卫"一起回清涧老家。其实，"卫"心知肚明，父亲是在撒谎，他知道家里要把自己过继给大伯为儿。这本来是个撕心裂肺的情景，懂事的"卫"却伪装着答应了父亲的"谎话"，把眼泪咽到肚子里，表现出了完全超出其年龄与处境的强大自制力。很多年后，已经成名的路遥在《答中央广播电视大学问》时，第一次披露了他当时的真实心情。这就是在人生第一个关键时刻，一个实际年龄不足七周岁的孩子的真实心理与选择。苦难的生活让他过早地懂事，并拥有超乎寻常的强大自制力。"卫"明白，这一切就是冲着能在延川这个完全陌生的环境里上学的渴望。

冬去春来，转眼到了1958年的新学期开学了。王玉德领着"卫"到马家店小学上学去。马家店小学的刘正安老师得知"卫"这个小名时，脱口给这个孩子起名叫"王卫国"。

从此，"卫"正式改名叫"王卫国"，成为延川县马家店小学的一年级学生。这个官名叫王卫国的男孩，既聪明也用功，学习上如鱼得水，成绩一直是班上的前几名。这时的王卫国，已经完全融入新的环境。

第二章

喜欢读书的好少年

进入县城读书的少年

王卫国于1961年夏天考入延川县城城关小学高小部,他的人生开始在"城乡交叉地带"游弋。

有过农村生活经历的朋友们应该知道,农村小学一般是两个阶段,一段是初小,一段是高小,高小一般是在镇子上学。延川县城距路遥养父母的郭家沟村只有短短的5公里的样子,但是就短短的5公里,却构成了城市与乡村的两个世界。城关小学高小部的学生们,大都是城里孩子,是城里的职工干部子弟。对于"王卫国"这个孩子来说最大的现实问题,就是要克服自卑走向自强自信。

城关小学在延川县城的"堂坡"上面,是在古代"文庙"的旧址上建起来的。它是全延川县最早兴办的国民小学,也在很长一个历史时期里是全延川县教育资源配置最好的小学,有点类似于今天的"实验小学"。新中国成立后,一直到20世纪90年代,这所小学一直以接受县城里的学龄儿童为主。当然,该校在1966年前专设的"高小部"也招收过从城关公社各个大队小学考入的"高小生",王

第二章
喜欢读书的好少年

路遥1961年至1963年在延川县城关小学上学,这是学校现在的大门。(南智明摄)

路遥母校延川县城关小学校园内的路遥雕像。(袁广斌摄)

卫国就属于这样的情况。农村孩子王卫国能考到城关小学"高小部",说明他的学习成绩相当优秀,是一帮学生中的出类拔萃者。

吃饭的事情是住校生的头等大事。当时,城关小学的住校生有"全灶生"与"半灶生"之分。"全灶生"是指住校的学生给学校交纳一定数量的白面、玉米面和菜金(钱)后,按照粮食"库存"情况报饭,吃什么、吃多少由自己决定。一般而言,农村"全灶生"

路遥在延川县上学和工作时,几乎每天都要经过的堂坡。(郭伟摄)

第二章
喜欢读书的好少年

家的光景都比较好。"半灶生"是住校生中的穷学生，自己交不起粮食，只能把家里带来的干粮带到灶房"馏热"了吃。王卫国属于这一类。常常夏天吃的是馊饭，冬天是冷饭，每个礼拜还跑回家两次拿干粮。与同学比吃比穿什么也比不上，只有比学习。

一般而言，在贫富反差极大的环境中成长起来的孩子有两种心理趋向：一种是极度自卑，把自己封闭起来；另一种是极度自强，在好多方面有强烈的表现与征服欲。少年王卫国是后者，他敏感而好胜心强，想方设法改变自身处境。他一直是村小学的"孩子王"，他要重新夺回在城关小学新环境中失去的"话语权"。

那时，看场电影绝对是一种高级的精神享受。整个延川县城只有一个露天电影院，一张电影票一毛钱。自尊心与好胜心极强的王卫国，也尝试着通过"爬下水沟"的方法来看电影，但是都没有得逞。

1991年6月10日，路遥在西安矿业学院做演讲时，竟情不自禁地回忆起当年"爬下水沟"的耻辱：

想到自己青少年时期的那种艰难，叫你觉得自己简直就是从下水沟里一步一步爬出来的。说到这里，我想起小时候有一个情节在脑子里印象很深，就是爬下水沟，这也是我整个童年、青少年时期的一个象征。那时候在县体育场的土场子上放电影，

一毛钱的门票也买不起，眼看着别的同学进去了，我们几个最穷的孩子没有票，只有从小水道里往进爬，黑咕隆咚的，一不小心手上就会抓上一把狗屎（笑），但是为了看电影，手在地上擦几下还要继续往里爬。谁知刚进洞子，就被巡查员一把从帽盖子上抓住，抓着头发又从大门把你送出去。我们两眼含着泪水，只得灰溜溜地离开那地方。

电影是看不到了，但是王卫国想到通过看书阅读的方式获取信息的渠道——县城文化馆阅览室是免费的，那里有很多报纸杂志。当发现这个"新大陆"后，他经常在星期三和星期六下午往县文化馆阅览室钻，因为这是他"法定"的回家拿干粮的时间。他像一头馋嘴牛犊闯进菜园子，拼命地啃食，不到下班关门，他绝不离开这个地方。

王卫国迷上了《参考消息》，对时事政治尤为关注，而且可以自己分析理解。就是因为这个特长，使得他的视野要比同辈人开阔得多。他在《参考消息》上看到苏联宇航员尤里·加加林乘坐"东方一号"宇宙飞船在太空遨游的消息后，竟兴奋得彻夜难眠，站在校园空旷的大院中，遥望夜空中如织的繁星，寻找着加加林乘坐的飞船。

第二章 喜欢读书的好少年

王卫国对加加林的热爱，一直持续到他成名后创作《人生》的时候。他在设计一位在"城乡交叉地带"奋斗的主人公名字时，第一感觉就是"高加林"三个字最为妥帖。

就这样，王卫国在书本与报纸中获取了丰富的信息，了解外面精彩的世界。他每次在班上宣讲的时候，总能吸引到绝大多数同学的目光。那些只谈论电影的城里孩子也经常能在王卫国这里获得各种新鲜知识。

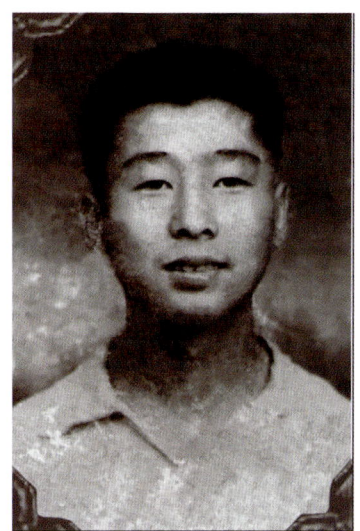
路遥14岁时的留影。

同学们重视他了，王卫国赢得了别人关注的目光，他自然更有信心，到后来经常是有事无事就往县文化馆阅览室与新华书店那里跑。这项起初带有功利性的读书方式，最后成为他生存的一种自觉方式，他完全彻底地喜欢上阅读了。

畅游在知识的海洋里

1963年的陕北农村，仍处于极端贫困的时期。对于王卫国养父这样移民来到延川、本身没有什么积累的"外来户"来说，再供一个孩子到城里去上学，便让他感到力不从心。

这年的夏天，就在学习成绩优秀的王卫国准备参加全县的升初中考试时，养父王玉德却下了一道死命令：不准考试，回村劳动。养父不让儿子考试，是有自己的打算：一来，他已经把卫儿供到"完小"毕业，对弟弟有了个不错的交代；二来，像他这样的农村家庭，已经到"汗干力尽"的地步，再也供不起孩子上中学了。

但是，已经在书本的海洋中开始畅游的王卫国，他心比天高，怎么会接受养父这道荒唐而离谱的命令呢！他明确地告诉大伯，哪怕不让上学，但必须参加全县的小学升初中统考，他要证明自己这几年来是认真学习的，要证明自己是有能力考上的！

王卫国在小伙伴的簇拥之下，走进了那个捍卫尊严的神圣的考

第二章
喜欢读书的好少年

路遥初中母校延川县中学的大门。（南智明摄）

场。考试的结果是可想而知的。那年，延川县唯一的全日制中学——延川中学只招收两个班共一百名左右的初一学生，而全县却有一千多名考生。在如此激烈而残酷的升学竞争中，王卫国以全县第二名的成绩，名列"榜眼"位置。

　　细心的读者注意到，这个情节后来不断被路遥改写在自己的小说中。路遥1982年发表在《当代》第5期上的《在困难的日子里——一九六一年纪事》中，马建强考高中是全县第二名的成绩；而在

延川中学的路遥教学楼。（袁广斌摄）

《平凡的世界》中，孙少安考原西中学初中，是考到第三名的成绩，结果因为家境困难辍学。

新学期开学报到那天，养父说了实话："这学肯定不上，天王老子说了也没用！"他递给卫儿一把小镢和一条长绳，要他上山砍柴。王卫国默默地接过小镢和长绳，跑到沟里扔了，然后独自进城去了。

没有报名费，王卫国自然报不了名。一位好心的家长很同情王卫国的处境，建议王卫国直接找村子里的领导，争取当地党组织的支持。王卫国接受了建议，返回村后直接找到村大队党支部书记。

第二章
喜欢读书的好少年

王卫国哭着跑到村支书的跟前，激动地说："干大，我想上学，你给我想想办法吧！"村支书跑到很多地方借到两斗黑豆，让王卫国换成钱去交报名费，并想了很多办法，王卫国才进入延川中学初六六级乙班上学。

很多年后，路遥在"准自传体"中篇小说《在困难的日子里》真实地再现了他当年艰难上学的过程，也在小说中这样歌颂乡间的真情与大爱：

我的亲爱的父老乡亲们，不管他们有时候对事情的看法有着怎样令人遗憾的局限性，但他们所有的人是极其淳朴和慷慨的，当听说我父亲答应继续让我去上学后，全村人尽管都饿得浮肿了，但仍然把自己那点救命的粮食

延川中学的路遥雕像。（郭伟摄）

分出一升半碗来，纷纷端到我家里，那几个白胡子爷爷竟然把儿孙们孝敬他们的那几个玉米面馍馍，也颤巍巍地塞到我的衣袋里，叫我在路上饿了吃。他们分别用枯瘦的手抚摸了我的头，千安顿、万嘱咐，叫我好好"求功名"去。我忍不住在乡亲们面前放开声哭了——自从妈妈死后，我还从来没有这样哭过一次。我猛然间深切地懂得了：正是靠着这种伟大的友爱，生活在如此贫瘠土地上的人们，才一代一代延绵到了现在……

就这样，在一个夏日的早晨，我终于背着这些"百家姓粮"，背着爸爸为我打捆好的破羊毛毡裹着的铺盖卷儿，怀着依恋和无限感激的心情，告别了我的亲爱的马家屹崂村，我踏着那些远古年代开凿出来的崎岖不平的山路，向本县的最高学府走去——走向一个我所热烈向往但完全陌生的新环境。我知道在那里我将会遇到巨大的困难——因为我是一个从贫困的土地上起来的贫困的青年人。但我知道，正是这贫瘠的土地和土地一样贫瘠的父老乡亲们，已经交给了我负重的耐力和殉难的品格——因而我又觉得自己在精神上是富有的。

十五虚岁（实足年龄十三周岁）的王卫国怀着异常激动的心情，走进延川县的最高学府——延川中学。

第二章
喜欢读书的好少年

王卫国所在的初六六届乙班是个尖子班，班上的同学大都是县城干部与职工子弟，在鲜明的对比中，他一身破烂的衣着更显得褴褛和寒碜。最为可怕的还是来自饥饿的压迫。因为住校生的急剧增多，延川中学在住校生的管理上取消了"半灶生"的临时救急的措施，而统一改为"上灶生"。这就意味着住校生要每月按时交粮交菜金，由伙房统一安排伙食。那时，学校一天两顿饭，每顿饭的饭菜又分为甲、乙、丙三个等级。主食也是分三等：白面馍、玉米面馍和高粱面馍，白、黄、黑三种颜色就表明了三种身份，学生们戏称叫"欧洲、亚洲和非洲"。不用说，王卫国更是以吃"非洲"为主。他交不起每月四五块钱的伙食费，有时甚至连五分钱的清水煮萝卜也吃不起。就这样勉强的伙食维持，也还是要好的同学凑给的。

王卫国时常饿得发晕，饿得发疯，饿得绝望，似乎感到自己的生命到了最后时刻。这个正在拔节成长的男生，身子骨倒还挺壮实。

1980年代初，正在翻越中国文学最高峰的路遥，他回想到多年所受到的歧视与冷遇、温暖与友谊，创作出了著名的"准自传体小说"《在困难的日子里——一九六一年纪事》。这篇小说1982年在《当代》第5期发表后，引起了读者的强烈共鸣。

在这个县城学生占大多数、物质生活对比鲜明的班集体中，王卫国在经受歧视和冷遇的同时，也得到过温暖和友谊，许多同学都

路遥画传

第二章
喜欢读书的好少年

向他伸出过热情援助的手。他已经摆脱了在城关小学上"完小"时的那种强烈的自卑感和屈辱感，而在不断丰富自己的阅读中获得了精神的高度超越。

路遥后来在长篇小说《平凡的世界》中借助顾养民的心理活动说："知识这种力量，可以改变一个人，甚至可以重新塑造一个人。"这是路遥的人生经验，路遥喜欢读书的人生特点也是在青少年时代养成的。

在中学时代，王卫国有条件广泛涉猎自己喜爱的文学作品：《钢铁是怎样炼成的》《青年近卫军》《毁灭》《铁流》等苏联小说，另外还有《把一切献给党》《牛虻》等名著。当时的延川中学已经有了一个不错的图书馆，王卫国是那里的常客。保尔·柯察金、吴运铎等人物成为他心目中最仰慕的英雄。

他从语文老师那里借出保存了多年的文学杂志，逐一翻阅。他甚至还与县中学图书馆的管理员老师搞好关

经常被路遥作为描写对象的秀延河延川县城段。（郭伟摄）

系,偷偷借出那个时期的许多"内部发行"图书与"禁书",钻到校园后面的山沟里阅读。王卫国多年的中学同学,后来都回忆到他三年中学的学习经历,有一个共同的印象,就是他如饥似渴地吞食着所能找到的一切精神食粮,抓住一切机会读书看报。这样偏科性的学习结果是,王卫国的语文成绩出类拔萃,他写出的作文经常作为范文在各个年级传阅。

有位儿童心理学家曾说:好孩子是夸出来的。其实,对身心都处于成长过程中的少年而言,又何尝不是如此呢?那时的延川中学师生,都认为这位经常吃不饱的男生王卫国是"笔杆子"。这种长期不断的刺激,愈加鼓励着王卫国,他的情感源源不断被激发,开始有了最初的文学激情与冲动,他开始写日记,开始评析时事政治,也开始尝试文学创作。

第二章

文学摇篮期

革命狂欢时

1966年夏天，所有毕业班留在原校就地闹革命，即使已经考取大中专院校的学生也要返校参加劳动，路遥所在的延川中学初六六届乙班也不例外。本来已经从校门中走出又被学校召回的初六六届乙班的红卫兵组织，自然少不了王卫国的参与。一来，他平时积极参加各种活动，文才突出，调皮活泼，能言善辩；二来，他平时善于读书看报，了解国家大事，有大局观；三来，王卫国从小就生活在一块被红色革命所濡染的土地上，他身上潜滋暗长的革命激情被点燃、被激活了；四来，他要捧起"铁饭碗"的梦想被打碎后，所有的理想都寄托给这场轰轰烈烈的革命风暴了。

1966年8月，王卫国因为表现突出，被选为延川中学初六六级乙班五名代表之一，赴京串联。这次北京之行尽管短暂，却使王卫国眼界大开。他第一次乘火车、第一次过黄河、第一次走了上千公里的路程，见到了陕北之外的大千世界；第一次走进中国的伟大首

第三章 文学摇篮期

1964年5月1日,延川中学初六届乙班同学合影(最后一排左二为路遥)。

都北京,第一次站在天安门广场上见到了毛泽东主席。

回到学校后不久,王卫国就自行组织成立了以初六六级乙班同学为骨干成员的"横空出世誓卫东战斗队",并自任队长。他因出色的组织能力与动员能力,成为本班"井冈山战斗队"的队长。延川中学师生分化成两大派,王卫国当上了"红四野"的领袖,成为延川中学呼风唤雨的人物。

处在延川县风暴中心的王卫国,在一年多的政治运动中,越来越表现出冷静的思考能力与惊人的理性。青春少年王卫国的这种底线素质,来自他长期读报养成的敏感于时事的眼光,来自他作为一个农家子弟那份天然的淳朴与善良,但也因为延川县确实有位有口皆碑的好县委书记张史杰。

  1968年9月15日，由军队干部、革命领导干部和群众代表组成的"三联合"的临时权力机构——延川县革命委员会宣告成立。当日，青年学生王卫国被协商成革命委员会副主任。

  就这样，王卫国进入了延川县政治权力的核心位置。

  1985年1月15日，中共陕西省委宣传部发出通知，任命路遥为中国作协陕西分会党组成员。这次任命对于路遥来说意义非同寻常，意味着组织上对长期困扰他的那段历史终于有了一个公正的结论。

  路遥在1992年年初被确定为作协陕西分会主席的拟任人选。

  路遥在新时期之初以自己的亲身经历，创作了中篇小说《惊心动魄的一幕——一九六七年纪事》，1980年发表在《当代》第3期上，并于1981年荣获全国首届"中篇小说奖"，这也标志着路遥在中国新时期文坛上开始有了一席之地。

第三章
文学摇篮期

发表《惊心动魄的一幕》的《当代》1980年第3期封面。

与北京知青的交往

1968年12月21日晚,中央人民广播电台向全国广播了毛主席的最高指示:

知识青年到农村去,接受贫下中农再教育,很有必要。要说服城里的干部和其他人,把自己初中、高中、大学毕业的子女送到乡下去,来一个动员,各地农村同志应当欢迎他们去。

随着"北京知青"的大量涌入,王卫国的人生向度就与北京知青紧紧地联系在了一起,甚至恋爱,甚至后来的婚姻与家庭走向。

1968年11月初,作为返乡知识青年代表,王卫国回到延川县城关公社郭家沟村。他打过坝,修过田,拉过大粪,也做过小学民办教师。这其中的一些经历,在路遥日后的小说中有所呈现。譬如,"拉大粪"是农村生产队一种特有的积肥方式,即在大集体时代派队

路遥 20 岁时的留影。

里的劳力挖县城里公厕的大粪,用畜力车拉回肥田。说白了,就是小说《人生》中高加林干过的那份工作。

　　进城拉大粪的工作干了没多久,村小学需要个民办教师。就这样,王卫国又开始在本村的马家店小学担任民办教师,有了一份令农村许多年轻人羡慕的工作。

　　同样在 1969 年元月份,二万八千名北京知青来到当时的延安地区插队。到延川县插队的知青有两千多名,他们全部来自海淀区。这两千多名北京知青像星星一样一夜之间撒到延川县的各个角落。

　　北京知青与延安这块土地的影响是相互的,即双向互动。来到延安农村，北京知青从天上掉到地下，现实生活出现巨大的反差，让他们心灵受到很大冲击。一是他们承受了"苦难"。正如孟子所言："故天将降大任于是人也，必先苦其心志，劳其筋骨，饿其体肤，空乏其身，行拂乱其所为，所以动心忍性，增益其所不能……"苦难对于懦弱者来说，是压垮他的最后一根"稻草"；对于有志者来说，是磨砺其意志的试金石。具体来说对于有志者，这种苦难的人生经历有助于全面认知中国社会，也有助于培养其自强不息、百折不挠的精神。

20世纪70年代，路遥与林达在北京天安门城楼前的留影。

北京知青在延安这块贫瘠的土地上接了地气，了解到中国社会最真实的一面。在以农补工、以农促城的城乡二元对立的城市环境中长大的知青们，亲眼目睹了中国的另一面，认识了中国社会的复杂性。那些心怀远大革命理想、以拯救天下劳苦大众为己任的北京知青们，的确以其柔弱的肩膀扛起了远大的理想，并进行最初的人生实践。

北京知青到延安农村里落户，深入

第三章
文学摇篮期

20世纪80年代初期，路遥与妻子和女儿的合影。

中国社会的最基层，落下去，生了根，与最基层的农村有着最充分的融合，外来的知青文化自然就影响到延安社会的方方面面。北京知青的到来，自然也打开了延安农村人认知外部世界的窗口，同时鼓励了有志有为的本土青年的成长。

知青文化对延安人的影响，主要表现在这样几方面：一是他们的从天而降，带来新鲜的都市文明，让延安人开了眼界，打开了当地人观察世界的一扇窗口，也促进了延安农村的社会进步；二是巨大的物质与文化的反差，刺激了本土青年的进取心。从历史的角度

而言,北京知青文化的影响是长远的,与20世纪三四十年代陕甘宁边区时期文化人对陕北的影响同等重要。

具体到王卫国这位上进的年轻人,他已经开始与知青们谈人生、谈文学,甚至是谈恋爱了。我们甚至可以这样说,没有知青现象,就不可能出现"路遥现象","路遥现象"是陕北文化与知青文化相碰撞的必然结果。

王卫国的第一个女朋友就是北京知青。当这份脆弱的爱情夭折之后,年轻的王卫国无论如何也不能接受这种本来就不切合实际的爱情的失败,他走到了死亡的边缘。很多年后的1991年,路遥在创作随笔《早晨从中午开始》时却轻描淡写地回叙了当时的情形:

> 后来的一次"死亡"其实不过是青春期的一次游戏罢了。那时,我曾因生活前途的一时茫然加上失恋,就准备在家乡的一个水潭中跳水自杀。结果在月光下走到水边的时候,不仅没有跳下去,反而在内心唤起了一种对生活更加深沉的爱恋。最后轻轻地折转身,索性摸到一个老光棍的瓜地里,偷着吃了好几个甜瓜。

可以想象,王卫国在仕途无望与初恋失败的双重打击下,他由

第三章
文学摇篮期

20世纪80年代,路遥与最心爱的女儿在一起。

想到水潭跳水轻生,到后来偷吃老光棍地里的甜瓜而"未死",显然有个相当复杂的心理转变。

王卫国的第二个女朋友还是北京知青,就是后来成为他夫人的林女士。这个女孩子当年很能干,是延川县革委会通讯组的通讯干事,更早是北京清华附属中学初二的学生。她1972年在延川的《山花》上发表作品,她的文笔不亚于路遥。正是因为有这样的文学初心,他们才碰到一起产生火花,后来经过长久的马拉松式的恋爱,1978

年结的婚，1979年生了他唯一的女儿"路远"。

  在与知青的交往中，路遥在知青身上学习到了很多的东西。路遥虽是农家子弟，但视野非常开阔，身上还有一股现代气质。路遥生前喜欢唱俄罗斯歌曲，喜欢喝咖啡，喜欢抽高档烟，喜欢看苏俄小说，喜欢雨雪交加的天气，这些雅好均是受知青文化的影响形成的。

第三章
文学摇篮期

改名叫"路遥"的"山花诗人"

1970年的王卫国，开始狂热地喜爱上诗歌创作。1970年夏，已经是延川县革委会政工组宣传组副组长的曹谷溪，把王卫国抽到县革委会通讯组进行培训。

作为延川县的著名诗人，曹谷溪的私人藏书最多，王卫国经常借几本名著去苦读。

王卫国在延川县文化馆创办的不定期油印期刊《革命文化》上发表了一首小诗《我老汉走着就想跑》。诗是这样写的：

明明感冒发高烧，
干活还往人前跑。
书记劝，队长说，
谁说他就和谁吵。
学大寨就要拼命干，

我老汉走着就想跑。

曹谷溪在这首"顺口溜式"的小诗中看到了王卫国的灵气,他决定帮助这个小伙子。他把它推荐到1971年8月13日的《延安通讯》上发表。这也是路遥第一篇公开发表的作品。

路遥1970年的一张照片,第二排左二是路遥。(资料图片)

第三章 文学摇篮期

20世纪70年代,路遥和曹谷溪在黄河边留影。

当然,真心帮助王卫国的不止诗人曹谷溪一人。王卫国在谷溪的帮助下,以民工身份进入延川县业余毛泽东思想宣传队后,也得到西北大学中文系分配到延川县永坪中学任教的诗人闻频的悉心指导。王卫国创作了一首叫《车过南京桥》的诗歌,署名"缨依红"。闻频认为这首诗歌不到二十行,但诗句奇特,想象力丰富,是首好诗,但笔名很别扭,要求改名。王卫国略加思索后断然写下"路遥"二字。闻频夸说:"这个名字好!路遥知马力。"这样,王卫国的"路遥"笔名就诞生了。

闻频非等闲之辈,日后

20世纪70年代路遥(右一)与闻频在一起。(林达摄)

49

的闻频更是享誉文坛。新时期后，闻频当过陕西省作家协会《延河》杂志的诗歌编辑、诗歌组组长，一直干到《延河》副主编，成为全国知名的抒情诗人。

这样，署名"路遥"的《车过南京桥》在《革命文化》上刊出不久，陕西省群众艺术馆主办的《群众艺术》杂志也选载了这首诗。

路遥又进入延川县"毛泽东思想文艺宣传队"搞编创。其间，路遥与陶正合作创作了一部大型歌剧《蟠龙坝》，与闻频合写了一部大型歌剧《第九支队》。从此，王卫国成为文学青年路遥。这位钟情缪斯的年轻人，决心手握柔弱的文学之笔，走上超越自我人生的独特道路。

延川县的几位年轻人，在曹谷溪的带领下编起诗集《工农兵定弦我唱歌》。其中的核心人物就有北京知青陶正，延川县文化馆干部白军民，延川县文教局"毛泽东思想宣传队"编剧闻频，延川县中队战士王金柱，以及"民工创作员"王路遥。他们成立了"延川县工农兵文艺创作组"，编出内部发行诗集《工农兵定弦我唱歌》。

1972年5月，也就是纪念《在延安文艺座谈会上的讲话》发表三十周年前夕，这本更名为《延安山花》的诗集在陕西人民出版社正式出版了。这本由几位业余文艺青年折腾起来的《延安山花》，因符

路遥在延川县城工作期间的办公窑洞遗址(与右上角砖砌平房属于同一排,已拆除)。(郭伟摄)

合"工农兵文艺"的主潮,受到上上下下的欢迎。延川这个偏僻小县,与以诗歌创作和农民画闻名的关中户县、以革命故事闻名的渭南合阳县、以民歌闻名的陕南紫阳县合称为陕西省四个文化先进县。

延安地区革委会文教局、陕西省工农兵艺术馆联合调查组的调查报告《"山花"是怎样开的?——诗集〈延安山花〉诞生记》,刊于1972年8月2日《陕西日报》。此报告这样写道:

城关公社刘家圪崂大队创作员王路遥同志，一年中创作诗歌五十余首，其中有六首在报刊上发表。据不完全统计，全县一年来共创作诗歌两千余首。这些革命诗歌，运用黑板报、墙头诗、诗传单、唱秧歌、朗诵会等各种形式直接与广大群众见面，有力地配合了三大革命运动。

《陕西日报》在显著版面上发表的调查报告点名表扬的"山花"作者只有一人，就是路遥。

而这本《延安山花》诗集，自第一版公开发行后，就成为工农兵创作的典型。随后，不断修订、完善，先后多次印刷，甚至在香港的三联书店也出版发行，先后累计发行达二十八万八千册，创造了工农兵文艺创作的一个奇迹。

谷溪、路遥他们又借着《延安山花》的成功东风，在1972年9月创办了县级文

20世纪六七十年代路遥背过的书包。（来自闻频回忆文章插图）

艺小报《山花》。《山花》在万木凋零的时代，吐薄而出，自然产生了强大的魅力效应。

应该说，《山花》是当时"伟大的革命理想"与陕北人先天具有的浪漫主义品格相结合的产物，也是通过文艺的方式宣泄政治情绪的必然表现。《山花》的旋律是"信天游"的，延川县的文艺青年主要通过"信天游"的方式来抒志咏怀，表现"崇高的革命理想"。虽然说《山花》本身是极"左"时期的产物，带有明显的时代烙印，但它又是延川这块文学厚土上长期积蓄的文学情绪的总爆发，它如地下奔腾运行的火山，任何人都无法遏制它的生成。

路遥在延川创作的诗歌、散文、小说等首发阵地均是《山花》。他最初的诗歌《我老汉走着就想跑》《车过南京桥》《塞上柳》《当年八路延安来》《走进刘家峡》《电焊工》《歌儿伴着车轮飞》《老汉一辈子爱唱歌》等，均刊于《山花》；他的叙事诗《桦树皮书包》、短篇小说《优胜红旗》《基石》等，也同样是先在《山花》上刊发后才引起外界的注意，并被选入省级文艺刊物的。

附：路遥延川时期发表的作品

体裁	作品名称	发表刊物	备注
诗歌	《老汉走着就想跑》	《延安通讯》1971年8月13日	
诗歌	《塞上柳》	《延安通讯》1971年9月28日	
歌剧	《蟠龙坝》	1971年5月左右完成，未公演	与陶正合作
歌词	《清格朗朗流水幸福渠里来》	1972年12月5日创作，内部刊行	后收入《革命歌曲汇编》（第三集），人民音乐出版社，1974年版
诗歌	《促拍满路花新填》	写于1972年1月23日，未刊	后收入北京十月文艺出版社2013年版《路遥全集》"早晨从中午开始"卷
诗歌	《灯》（与曹谷溪合作）《进了刘家峡》《电焊工》《老汉走着就想跑》《当年"八路"延安来》（与曹谷溪合作）《塞上柳》	《延安山花》诗集（延川县革命委员会政工组编）	陕西人民出版社1972年5月第一版。诗集初版本中收录路遥六首诗歌，其中与曹谷溪合作的诗歌二首

续表

体裁	作品名称	发表刊物	备注
诗歌	《老汉一辈子爱唱歌》	《山花》1972年9月1日，总第1期	内部刊物
诗歌	《赞歌献给毛主席》	《山花》1972年10月1日，总第3期	内部刊物，与谷溪合作
歌剧	《第九支队》	1972年8月20日完成，在延川县公演	与闻频合作
诗歌	《桦树皮书包》（叙事诗）	《山花》1972年11月1日，总第5期	内部刊物
小说	《优胜红旗》	《山花》1972年12月16日，总第7期	内部刊物
诗歌	《老锻工》	《山花》1973年1月16日，总第9期	内部刊物
小说	《基石》	《山花》1973年5月23日，总第15期	内部刊物
小说	《代理队长》	《山花》1973年7月16日，第18期	内部刊物
小说	《优胜红旗》	《陕西文艺》创刊号（1972年7月出版）	
歌词	《中南海的灯光》	《群众艺术》1973年第9期	

路遥与几位文友共同编写的诗集《延安山花》。

1982年，在《山花》创刊十周年之际，路遥当时激动地写下《十年》，热情地讴歌了《山花》的贡献。

艺术用它巨大的魅力转变一个人的生活道路。我深深感谢亲爱的《山花》的，正是这一点。

近几年，故乡的朋友们经常寄来新出版的《山花》。尽管我现在每月都有别人送来的读不完的刊物，但我常会立即放下其他报刊和手中的工作，马上认真地读这张小报。这如同是在读一封家书，每一个字都是亲切的，让我感之不尽，思之不尽。是的，《山花》仍然是那样一张八开的小报，在当今报刊林立的世界里不是为世人所挂齿。但我对它永远怀有一种深深的尊敬。正如一个人不管怎样壮大起来，也会对自己衰老的母亲永远怀有爱戴和敬意一样。

这充分说明《山花》在路遥心中的分量。

第四章

大学时代

进行系统的文学阅读

1973年,路遥已经是延川县一名崭露头角的文学青年。他在《山花》上刊出的短篇小说《优胜红旗》,被推荐到《陕西文艺》在1973年7月创刊号上发表了。这是他在省级文学期刊上公开发表的第一篇小说。

1973年11月30日,《人民日报》刊发的经验消息《重视群众文艺创作,牢固占领农村思想文化阵地》,表扬河北束鹿县、陕西延川县蓬勃开展群众业余文艺创作活动时,这样介绍路遥:

延川县城关公社刘家圪崂大队回乡知识青年王路遥,在农业学大寨的群众运动中,亲眼看到广大贫下中农发扬自力更生、艰苦奋斗的革命精神,劈山修渠,改土造田,深受鼓舞和感动,他一边积极参加集体生产劳动,一边利用业余时间搞创作,一年多的时间里就写出五十多篇文艺作品,热情地歌颂了人民群

第四章
大学时代

1973年发表路遥短篇小说《优胜红旗》的《陕西文艺》创刊号。

路遥与录取他进入延安大学的老师申沛昌亲切交谈。(资料照片)

众的革命精神和为社会主义革命和社会主义建设多做贡献的精神风貌,他写的诗歌《老汉走着就想跑》《进了刘家峡》以及小说《优胜红旗》等,已在地方报纸和陕西省文艺刊物上发表。

1973年夏,全国高校恢复招生。当时的招生方式是实行推荐选拔制,即上级把大专院校的招生名额分配到县上,由公社给县文教局上报推荐对象,文教局负责政审及向大专院校推荐。全国大专院校恢复招生的消息传到延川县后,路遥动了上大学的念头。他决定到大学深造,提高自己的文学创作水平。路遥那时因文学创作的成

第四章
大学时代

绩突出，事迹已上《陕西日报》，县里领导和有关人员自然也十分支持他的想法。人才难得，好好让大学把路遥打磨一下，这后生是块干大事的料。

路遥上大学，甚至带有几分传奇色彩。路遥因为有在60年代中后期的政治经历，北京和西安的两三所大学没有录取他，这在当时的政治环境下是可以理解的。后来，路遥上大学的问题转到延安大学中文系负责人之一的申沛昌那里。当时，延安大学已有两条不予录取的理由：一是北京、西安的高校都不录取，延大也不录取，这无可厚非；二是高校录取新生有一条潜规则，即考生凡不报考本校者，就视为不尊重本校，不愿意上这所学校，所以不予录取也很正常。但是，可以录取路遥上延大，也有两条理由：一是1973年夏天，申沛昌带领延大中文系赴延川实习的师生与《山花》编辑部举行过座谈会，了解到路遥有一定的文学才华，中文系就是要招收与培养那些热爱文学又有一定才华的青年入学深造；二是申沛昌是延川县委书记申易的堂弟，申易亲自到延大找申沛昌推荐，并代表延川县委表态，关于路遥在60年代中后期的政治经历，县公检法成立专案组进行了审查，认定路遥没有问题——延川县有明确意见，担任群众组织头头问题，不影响他上大学。这样，在申沛昌的推荐下，延安大学冒着风险录取了路遥。

20世纪70年代的延安大学校园（水彩画，张之武作），画面左下角树林为路遥经常读书处，右下角树梢遮蔽处为路遥大学时代的宿舍，右下角楼顶为路遥教室楼顶；画面居中靠右带三角门厅的建筑为中文系办公的红专楼，画面居中略靠右的褐红屋顶建筑为延大当年的食堂兼礼堂。（袁广斌翻拍）

好风凭借力，送我上青云。1973年的秋天，在一番好事多磨后，文学青年路遥终于跨进延安大学的大门，成为延安大学中文系73级学生中的一员。

路遥进入延安大学学习，从根本上改变了他的人生方向。中文系74级同学、著名知青作家陈泽顺在《路遥的生平与创作》中说：

第四章
大学时代

　　1973年路遥被推选到延安大学中文系读书。这对于穷乡僻壤走出来的路遥来说是一个重大事件，这个事件从根本上改变了他的人生方向。在延安大学期间，路遥在能够找到的《欧洲文学史》《俄国文学史》和《中国文学史》的指导下系统阅读了大量中外文学名著，甚至于钻进阅览室，把建国以来的全部文学杂志，从创刊本到"文化大革命"开始后的终刊本全部翻阅了一遍。路遥以他特有的方式拼命丰富自己的知识储藏。

路遥大学时期的本班宿舍窑洞（现已拆除）。（资料照片）

路遥大学时期的教室（现已拆除）。（袁广斌摄）

路遥大学时期的教学楼（二层左边第一个教室为路遥当年的教室，现已拆除）。（袁广斌摄）

第四章
大学时代

进入大学,他一方面有机会储备充足的文学能量;另一方面,也拥有更为广阔的文学视野。尤其是大量中外文学名著的阅读,给予路遥无限的精神感召,使他真正懂得了什么是文学的真谛。

与许多同学不同,路遥上大学具有明确的目标性。他就是想借助大学这个平台,获取更丰富的文学营养,然后在文学的天宇振翅高飞。这样,他能充分利用大学这一平台,按照个人理想设计自己、塑造自己。

路遥入校后,就充分利用学校图书馆资源,全身心地投入文学刊物和著作的海洋。他的发奋读书,在延大中文系73级同学中是出了名的。他的学习阵地是学校阅览室,他每天坚持阅读各种报纸,了解国内外新发生的事情;同时,有计划有步骤地翻阅了校图书馆收藏的"五四"时期以来的各种文学期刊和主要报纸,了解新中国建立前那段时间中国文学的发展轨迹,弥补知识空白点。

除了在校阅览室翻阅大量文学刊物,路遥更是想方设法借阅世界文学名著,一本接着一本读。他认真读过《红与黑》《高老头》《复活》《安娜·卡列尼娜》,以及

路遥大学时期的食堂兼礼堂（现已拆除）侧面照。（资料照片）

路遥大学时期的食堂兼礼堂（现已拆除）正面照。（袁广斌摄）

其他同学连书名也未曾听说过的一些世界文学名著。

路遥不仅是位爱读书的人，更是位会读书的人。有同学回忆："在路遥的床头，经常放着两本书：一本是柳青的《创业史》，一本是艾思奇的《辩证唯物主义和历史唯物主义》，是路遥百看不烦的神圣读物。"

读书读报是学习，与人交往也是学习。与人交往是丰富人生阅历的重要环节，路遥虽不是刻意交往，但也十分重视与文学朋友的接

第四章
大学时代

触，进而通过他们的人生经验丰富自己的阅历。

"读万卷书，行万里路"，这是中国古人基本的求知方式。路遥在延安大学求学期间，抓住宝贵的时间，不断夯实其人生的知识储备。这样，他在对时政的判断上，已经超出许多同龄人的水平。

路遥大学时期的恩师、曾任延安大学校长的申沛昌教授回忆道："通过大学三年相处和以后的交往，我可以明确而肯定地说，路遥是一位酷爱文学又关注政治的人。"

路遥大学时期的中文系办公楼，现已拆除。（袁广斌摄）

路遥大学时期的学校实验楼。（资料照片）

路遥与大学同学一起选编的诗集《延安颂》。

路遥与大学同学一起采集编印的《吴堡民歌选》。

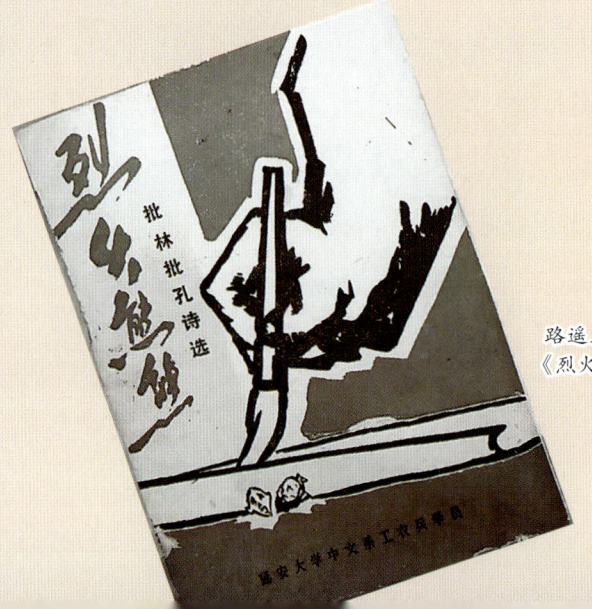

路遥上大学时与同学们创作的诗集《烈火熊熊》。

第四章
大学时代

　　路遥上大学中文系的目的，就是为了读名著，学创作，为实现自己的作家目标、文学梦想奠定坚实的基础。

　　他上延安大学时，正是大学刚刚恢复招生不久，大学校园里纪律环境比较宽松：允许工农兵学员抽烟，允许打瞌睡，也允许学生因老师讲课不好而离开课堂。这些条件，也正是完全按照自我理想设计自己的路遥所感到满意的。有时候，上课铃响了，同学们开始进教室了，他却怀揣本书走出教室，或是钻到杨家岭旧址，或是坐到延河滩，一直看书到开饭前返回。有时，老师在讲台上正讲课，他趴在课桌上漫不经心地听着，甚至会发出熟睡的鼾声；也有时，因老师的发现，感到不

路遥等中文系七三级学生创作表演的诗歌联诵联唱《我们生活在杨家岭》在延安大学1974年元旦文艺晚会上成功演出后，诵唱表演人员合影。（资料照片）

延安大学中文系七三级和七四级师生联合表演的《长征组歌》在1976年元旦文艺晚会上演出的场面。（资料照片）

1975年7月13日，延大中文系七三级赴榆林报社实习小分队留影（后排左一为路遥）。（资料照片）

1975年7月13日，延大中文系七三级赴榆林报社实习小分队与报社部分编采人员合影。（资料照片）

路遥（右一）上大学时与同班同学在校园合影。（资料照片）

好意思，连连抓耳挠腮，问同桌讲到哪了。路遥对一些课程的缺课与应付的事情，有关任课教师对此颇有意见和议论。遇到这种情况，系上领导和班主任，也用"因材施教"的理由替路遥做些疏通和解释。有关任课老师了解路遥的具体情况后，也都采用了宽容和开明的态度，并没有为难路遥。在老师和同学的眼里，他是一个特殊学生。路遥有路遥的个性，有自己的学习方式。

1976年，路遥毕业时，延安大学中文系党总支8月2日在给他的毕业意见栏中只填了"生活较散漫"五字。这充分说明路遥在延安大学中文系就学期间的确是存在"散漫"的毛病。组织虽在毕业鉴定时指出他的问题，但并没有在具体的学习与分配上难为路遥，也足以说明这个学校是相当包容与厚待他的。

1976年夏，路遥大学毕业前与同班同学高其国（右一）和张子刚（左一）的合影。（资料照片）

1992年，路遥在《早晨从中午开始》中深情回忆了他大学时代的读书情况："在大学里，我除了在《欧洲文学史》《俄国文学史》和《中国文学史》的指导下，较系统地阅读中外各个历史时期的名著外，就是钻进阅览室，将新中国成立以来的几乎全部重要文学杂志，从创刊号一直翻阅到'文革'开始的终刊号。阅读这些杂志，实际上也就等于检阅了1949年以后中国文学的基本面貌、主要成就及其代表性作品。"

延安大学中文系七三级毕业留影（第三排右一为路遥）。（资料照片）

第四章 大学时代

抓住"紧要处"的文学表达

路遥在大学时代就十分喜欢柳青《创业史》中的一句名言:"人生的道路虽然漫长,但紧要处常常只有几步,特别是当人年轻的时候。"他懂得人生的道路尽管漫长,但紧要处常常只有几步;他懂得如何抓住青春的时光认真读书,更懂得读书与丰富阅历的目的是为了更好地创作。

我们知道,他进入延安大学读书前,就在《陕西文艺》1973年7月的创刊号"延河在我心上流"栏目刊发短篇小说《优胜红旗》。《陕西文艺》是"文革"期间除了《解放军文艺》之外,第一家复刊的省级文学刊物。当时,国内任何一个文学爱好者要走上文坛,必须通过它这座"桥"。严格意义上讲,《优胜红旗》是路遥在省级文学刊物上公开发表的第一篇小说。以这篇小说为标志,路遥真正向中国当代文坛走来。也缘于这篇小说的刊发,陕西文坛才真正注意到路遥的存在。

路遥1975年与大学同班同学在全国农业学大寨先进县吴堡采集民歌时曾经住宿过的吴堡县招待所，现在是吴堡县政协办公楼。（南智明摄）

路遥是位善于抓住机遇的年轻人。1973年10月，刚刚进入延安大学中文系学习的路遥，应邀参加了《陕西文艺》编辑部召集的创作座谈会。也就是在这次座谈会上，他认识了《陕西文艺》的几位知名编辑。1974年冬，路遥以"工农兵大学生"身份，"掺沙子"来到《陕西文艺》编辑部，协助小说组看稿。这个机会，使路遥得以近距离地了解"文革"时期的陕西文坛情况，得到陕西著名文学编辑的耳提面命。

第四章
大学时代

路遥在《陕西文艺》大致实习了半年之久。1975年秋，延安大学中文系来函，要他返校准备毕业。这样，他才告别省城，回到延安大学。这次愉快的实习经历，为路遥打开了一扇观察世界的新窗户，也给他日后大学毕业顺利进入《陕西文艺》工作埋下了重要的伏笔。

1975年秋，回到学校的路遥，接到《陕西文艺》编辑董墨老师的信件，说在当年的全国学大寨会议上，陕北的吴堡县被树为学大寨先进县，《陕西文艺》派作家李小巴和自己去吴堡采访，他们想约路遥一起去。编辑写信约自己采访，这很让路遥高兴。他当即回信，说十月份延大中文系同学到吴堡去采风，搜集民歌，到时候在那见面。这样，路遥与《陕西文艺》的编辑们在吴堡县的川口大队见了面。当时的川口大队党支部书记，是解放战争时期的民兵英雄，他正带领村里的精壮劳力在黄河滩里垒坝造田，规模不小，颇有点战争中的英雄气概。李小巴和董墨建议路遥把川口的历史与现状结合起来写一篇散文。李小巴和董墨回到县上后，路遥随行的延大中文系采风组也回到县上，都住在县招待所。短短两天的光景，路遥就拿出了初稿，李小巴和董墨提出修改意见。第二天下午，路遥就拿出了修改好的稿件，李小巴和董墨看了后十分满意，此前李小巴和董墨尽管已经和路遥有交往，但也没想到路遥竟然是位快手。他们重新打量眼前这位敦敦实实的小伙子，他看起来有些笨拙，但悟性却很高！他不仅善于理解意见，更善于把别人的意见转化为自己的感受，并融入自己的文章中。他们回到西安后，分别写了些段落，连同路遥写作的那部分，组合成一篇三万多字的访问式散文《吴堡行》，刊登在《陕西文艺》1976年第1期上。后来，这篇散文被北京外文出版社译成英文，在英文版《中国文学》上登载了。这篇题名《吴堡行》的散文，分为"初到吴堡""黄河老水手""高原叠翠""山村向阳""英雄的人民""山谷明珠""伟大的进军"七个部分，其文笔虽有"文革"风格，但总体相当成熟，颇有写作技巧，写作功力老到。发表时署名依次为路遥、李知、董墨。路遥的名字能排在著名作家李小巴与知名编辑董墨的前面，也说明老一辈作家对他的器重。

第四章
大学时代

路遥在吴堡县采集民歌时,曾在黄河边帮纤夫拉纤。(南智明摄)

除了《吴堡行》之外,路遥大学时期还有多篇作品发表在《陕西文艺》上:

他与谷溪合作的诗歌《歌儿伴着车轮飞》,发表于《陕西文艺》1973年第3期,与金谷合作的长诗《红卫兵之歌》发表于《陕西文艺》1974年第4期;他独立创作的散文《银花灿灿》发表于《陕西文艺》1974年第5期,《灯火闪闪》发表于《陕西文艺》1975年第1期,《不冻结的土地》发表于《陕西文艺》1975年第5期;他独立创作的短篇小说《父子俩》发表于《陕西文艺》1976年第2期。这个短篇小说是路遥在省级文学刊物刊发的第二篇小说,虽有浓郁的"文革"风格,但人物语言具有生活气息,是"接地气"的产物。作为工农兵学员的路遥能够连篇累牍地在《陕西文艺》上刊发作品,从一个侧面足以说明他在《陕西文艺》编辑中的位置,也说明他在延安大学的学习成果。

附：路遥大学时代发表的作品

体裁	作品名称	发表刊物	备注
歌词	《前程多辉煌》	《山花》1973年9月1日总第21期	内部刊物
诗歌	《歌儿伴着车轮飞》	《陕西文艺》1973年第3期	与谷溪合作
诗歌	《今日毛乌素》	《山花》1974年2月10日总第27期	内部刊物
诗歌	《灯》(与曹谷溪合作)、《进了刘家峡》《电焊工》《老汉走着就想跑》《老汉一辈子爱唱歌》《当年"八路"延安来》(与曹谷溪合作),《塞上柳》	《延安山花》诗集（延川县革命委员会政工组编，修订本）	陕西人民出版社1974年3月第二版。诗集修订本中收录路遥七首诗歌，其中二首是与曹谷溪合作的诗歌
诗歌	《工农兵奋勇打先锋》	《山花》1974年6月8日总第31期	内部刊物
诗歌	《红卫兵之歌》	《陕西文艺》1974年第4期	与金谷合作

续表

体裁	作品名称	发表刊物	备注
散文	《灯火闪闪》	《陕西文艺》1975年第1期	
散文	《银花灿灿》	《陕西文艺》1974年第5期	
散文	《不冻结的土地》	《陕西文艺》1975年第5期	
散文	《吴堡行》	《陕西文艺》1976年第1期	与李知、董墨合作
小说	《父子俩》	《陕西文艺》1976年第2期	

　　1976年夏天，路遥从延安大学中文系毕业，面临着职业的选择。大学毕业，是人生的重要转折点，关系到一个人一生的命运。按照当时省教育部门的规定，大学毕业生要"社来社去"——从哪里来再分配到哪里去。延大中文系73级的30名学生全部来自陕北的延安地区和榆林地区，在毕业分配上不可能有省上的指标。可是，乘着文学翅膀飞翔的路遥已经拥有鸿鹄之志，他希望能分配到省上的文学单位以实现自己的远大理想。一方面是路遥有想进入省级文学单位的意愿，另一方面是当时的《陕西文艺》编辑部的几位负责同

第四章 大学时代

1988年9月延安大学五十周年校庆时，路遥在大操场主席台前与部分同学的合影。（资料照片）

1988年9月延安大学五十周年校庆时，路遥在学校操场主席台前与老师、同学的合影。（资料照片）

志也看准路遥是棵好苗子,在文学上会有出息,费了九牛二虎之力才把路遥挖到《陕西文艺》编辑部。

一个人要干成一番大事业,除了拥有雄心壮志与勤奋努力之外,还需要机遇,还需要伯乐的赏识。从这点上说,路遥是时代的幸运儿。他在大学之路上遇到诸多真诚帮助他的人。

1976年7月,延安大学中文系73级学生毕业时,路遥和他的同学们抽着劣质烟,喝着大碗酒,用歌声告别。"阳光洒满了杨家岭,

1988年9月24日,路遥在延安大学教工餐厅给师生做报告。(资料照片)

1988年10月,《延安大学报》关于路遥为延大师生做报告的报道。(袁广斌摄)

第四章
大学时代

岭上岭下花正红，抗大的道路我们走，迎着那太阳向前进……"

一朝相知，终生拥有。在路遥最渴望上大学的时候，延安大学敞开胸怀接纳了他，使他在这个重要的生命驿站加满油，一跃飞到省城，飞到他做梦都渴望的省级文学期刊当编辑，雄心勃勃地开始他的文学远征。

路遥在延安大学上学仅有三年，时间不长，但对路遥来说，意义重大，不同寻常，是他人生和创作的一个重要的转折点和奠基阶

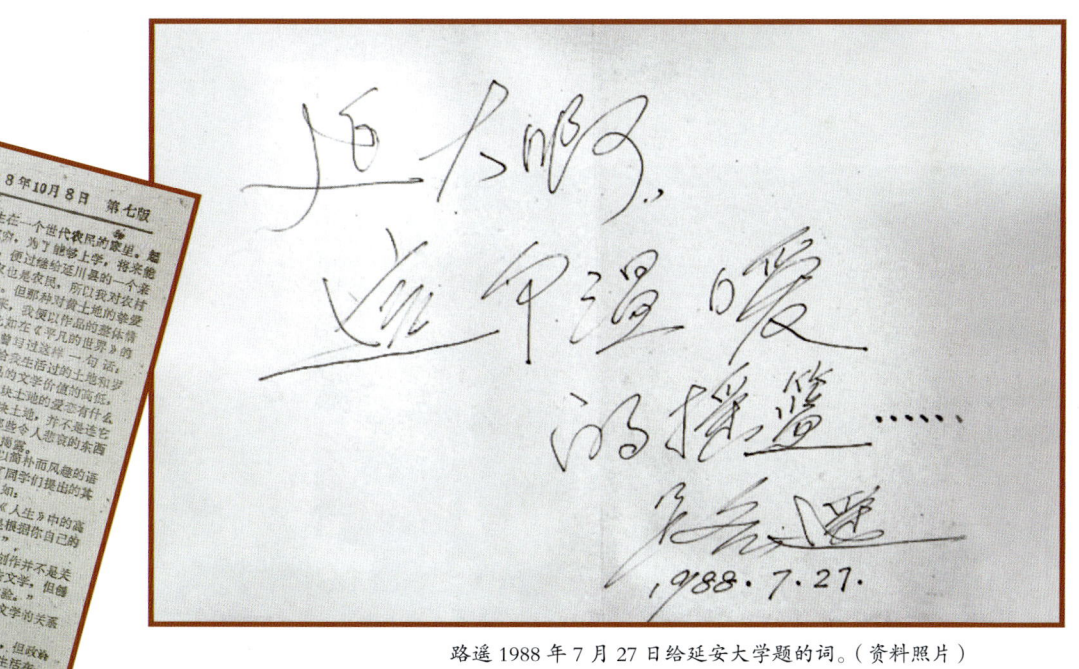

路遥1988年7月27日给延安大学题的词。（资料照片）

85

段。路遥后来多次动情地感谢延安大学。1988年7月27日，路遥为延大题词："延大啊，这个温暖的摇篮……"1988年9月24日，路遥给延大中文系的师生做报告时说："在母校学习的三年，是我生活的转折点，我感谢延大！"

路遥病逝后，他女儿路茗茗也多次表达对延安大学的感激之意。2007年11月17日，路遥女儿路茗茗在《写在路遥文学馆开馆之际》中写道："他（父亲）经常说起：他今天有了一些成就，要归功于所有帮助过他的人，尤其是延大。在延大这个充满勃勃生机和创造精神的地方，他常常被感动着，以至在后来写作的日子里，每每回想起延大就会激情难抑。"

为纪念路遥，在延安大学举办的"黄土地的怀念"学术报告会。（袁广斌摄）

第四章 大学时代

延安大学举办的"回忆路遥的大学时代"座谈会。(张咪咪摄)

2017年11月17日,路茗茗在《发自心底的感激》信件中说:"我知道,父亲身上这些优秀素质的养成,与他青春时期接受过延安大学的教育与熏陶不无关联。他在世时,每每提及延大和延大的前辈们时总是充满激情,让年龄尚小的我印象深刻,不由得心生敬意。"

　　2019年4月24日,在路遥图书捐赠仪式上,路茗茗又写道:"父亲路遥1973年进入延安大学中文系学习,当时的他,只是一位初中毕业,爱文学的普通青年。延大为他提供了一个难得的机会和平台,让父亲系统学习了古代文学史、当代文学史、外国文学等专业课程。在校期间,酷爱文学的父亲见缝插针,如饥似渴地阅读了大量中外经典,这为他日后的文学创作奠定了坚实的基础。而延大传承多年

2019年4月24日,路遥之女路茗茗以路遥名义向延安大学捐赠价值100万元图书。(兰天峨摄)

第四章 大学时代

延安大学杨家岭校区的路遥学术报告厅。（袁广斌摄）

的延安精神同样影响、塑造了父亲的人生观和创作观，《平凡的世界》中孙少安、孙少平兄弟身上那种自强不息的奋斗精神正是延安精神的写照。"

许多研究者也注意到延安大学之于路遥的重要作用。2007年7月26日，著名文学评论家何西来在《追怀文学的献身者——〈路遥纪念集〉序》中写道："路遥的母校延安大学，也是以他们培养的这颗文坛巨星而倍感光荣。"并说"延安大学如果不让路遥走进高等学府，接受科班的文学教育，那么，路遥的人生就会是别样的。路遥

2019年4月24日,路遥之女路茗茗以路遥名义向延安大学捐赠价值100万元图书。(兰天峨摄)

精神，是陕北黄土高原的文化精神，是延安精神、延安大学的教育精神培育、熏陶、铸造出来的"。

2019年10月，著名作家白描在纪念路遥诞辰70周年座谈会上说："延安大学两次收留了路遥，第一次是1973年路遥报考大学时，北京和西安某某大学，都不录取。最后是延安大学收留了路遥，破格补录到延大。第二次是1995年，路遥骨灰在西安三兆殡仪馆停放

1994年9月11日，时任延安大学校长申沛昌（右一）、路遥的好友曹谷溪（中）、路遥大学时期的班主任高才（左一）等为路遥纪念馆选址。这一地址后来成为路遥墓地。（袁广斌摄）

已过三年，人家要将其骨灰搬迁，另行安葬。但当时路遥家乡政府、亲朋好友都不表态，最后还是他的母校延安大学收留了他的骨灰，安葬在延大校园后边的文汇山上，并且出资修建了陵园。学校还请时任中国作协党组副书记王巨才题写了'路遥之墓'四个大字。路遥墓的背墙上，还专门刻写了路遥的著名语录'像牛一样劳动，像土地一样奉献'的醒目感人的大字。"

如今，延大后山上的文汇山和路遥墓，成为人们祭奠缅怀路遥重要的纪念地和文化景点，经常有全国各地的游客和热爱路遥的读者粉丝往来不断。

2006年的路遥墓园。（袁广斌摄）

第五章 抒写城乡融合的独特感受

发表中篇小说《惊心动魄的一幕——一九六七年纪事》

1976年，路遥从大学毕业后，分配到当时的陕西省文艺创作研究室《陕西文艺》编辑部工作。这件事对路遥来说非常重要，他获得了从事文学创作的必要条件。从这时起，路遥深入接触到柳青、杜鹏程、王汶石、李若冰等著名作家，并深受他们的影响。

新时期之初，担任《延河》（即原来的《陕西文艺》）编辑的青年作家路遥，还只能在编辑之余从事自己的文学创作。当时，作家的创造性劳动得到极大的鼓励，这对于心性刚强的路遥，产生了巨大的冲击。路遥一边冷静地审视着文坛动向，一边认真思考与创作。

1978年，路遥以自己的亲身经历创作了中篇小说《惊心动魄的一幕——一九六七年纪事》（以下简称《惊心动魄的一幕》）。

《惊心动魄的一幕》写成寄出后，这部中篇在两年间"周游列

第五章
抒写城乡融合的独特感受

1980年7月，路遥（左后一）在《延河》编辑部召开的农村题材小说创作座谈会上与部分作家在一起。

国"，接连投遍了国内几乎所有的大型刊物，都被一一客气地退回。

当《惊心动魄的一幕》再次被退回时，路遥甚至有点绝望了，他又将稿子通过朋友转给最后两家大刊物中的一家，结果仍然没有通过，原因仍是与当时流行的观点和潮流不合。

这样，才有岳母袁惠慈找到著名作家黄秋耘帮助推荐的事情。黄秋耘与袁惠慈是在抗日战争时期的生死战友，他见过袁惠慈的女

20世纪80年代,路遥与陕西作家贾平凹、和谷在一起。(郑文华摄)

20世纪80年代,路遥与老作家王汶石(左二)在一起。(郑文华摄)

婿、青年作家路遥,读懂了这部作品,也认可了这部作品。在此基础上,他才推荐给了老朋友、《当代》主编秦兆阳。名作家推荐作品,是众多青年作家文学起步的重要方式,这个渠道是正常的,也是合理的。

1980年春天,戏剧性的一幕出现了,幸运之神终于降临到坚持不懈的路遥身上。《当代》主编、著名作家秦兆阳先生看到小说后拍案叫绝,认可了这篇小说,认为小说写得好。

1980年5月1日,路遥激动地给《当代》编辑刘茵写了一封长信,诚恳而详细地阐释了创作这部小说的动因、思路乃至写作中的

20世纪80年代,路遥与贾平凹交谈。(郑文华摄)

20世纪80年代,路遥与作家白描和同乡李秀娥在一起。(郑文华摄)

苦恼。这封信件,是目前路遥本人关于《惊心动魄的一幕》最系统的创作阐释。他甚至明确地告诉刘茵:

> 我曾想过,这篇稿件到你们那里,将是进我国最高的"文学裁判所"(先前我不敢设想给你们投稿)。如这里也维持"死刑原判",我就准备把稿子一把火烧掉。我永远感激您和编辑部的同志,尊敬的前辈秦兆阳同志对我的关怀,这使我第一次真正树立起信心。

就在 1980 年 5 月 1 日,路遥还情不自禁地给朋友谷溪写信,表达了他当时的激动心情:"好长时间了,不知你近况如何。先谈一下我的情况,我最近有些转折性的事件。我的中篇小说《当代》已决定用,五月初发稿,在《当代》第三期上。这部中篇《当代》编辑部给予很高评价,秦兆阳同志给予了热情肯定……中篇小说将发在

20 世纪 80 年代,路遥(左二)等与美国作家在一起。(郑文华摄)

我国最高文学出版单位的刊物上这是一个莫大的荣誉。另外，前辈非常有影响的作家秦兆阳同志给予这样热情的肯定，我的文学生活道路无疑是一个最重大的转折……"路遥按捺不住自己的激动，连续使用"我国最高文学出版单位""莫大的荣誉""一个最重大的转折"这些极端的词语，来表达他的兴奋心情。

1980年5月初，路遥应邀到《当代》编辑部修改小说。结果，路遥在责任编辑刘茵与二审编辑孟伟哉的指导下，在人民文学出版社修改了二十来天，比原稿增加了一万多字。

《惊心动魄的一幕》在《当代》杂志1980年第3期上头条刊发，秦兆阳专门题写标题。在秦兆阳的力荐下，《惊心动魄的一幕》还一连获了三个荣誉极高的奖项：1979—1981年度《当代》文学荣誉奖、《文艺报》中篇小说奖、第一届全国优秀中篇小说奖。尤其是全国优秀中篇小说奖，是新时期陕西作家第一次获此奖项。

路遥好友、《延河》诗歌编辑、著名诗人闻频，见证了路遥得知获奖消息的情景：

记得有一个礼拜天，一大早我在办公室写东西，他从前院急促促进来，手里拿着一封电报，一进门便高兴地喊："我获奖了！"说着扑过来，把我紧紧拥抱了一下。路遥这种由衷的喜

惊心动魄的一幕

——一九六七年纪事

·路遥·

> 金盆打了，份量还在。
> ——中国民间格言

一

一九六七年，西北黄土高原这个山区县份和全中国任何地方一样，文化大革命的暴风雨摇撼着整个社会。

城镇里一切可以利用的墙壁都贴满了大字报、大标语、声明、勒令、通令、通缉令以及"红都来电"和"中央首长讲话"；铅印的或油印的传单象雪片一样在街头巷尾飘飞。墨汁、纸张、浆糊如同粮食和菜蔬，成了人们每天生活的必需品。邮路中断，班车停开，商店关门……

有些家庭分裂了；有的父子决裂了。同志可能变为仇敌，冤家说不定成了战友。过去的光荣很可能成为今天的耻辱；今天引以骄傲的，也许正是过去那些不光采的事。看吧！许多过去有权力和有影响的人物，正戴着纸糊的高帽子，手里敲打着破铁桶或者烂马勺，嘴里嘟嘟囔囔着自己的"罪行"，正一溜一串地游街哩；而另外一些普通的群众，正站在权力的讲坛上大声演说着，号召着，命令着……

乡村里，有的人离开了自己耕种的土地，也被吸引到了革命最激烈的地方——城镇。这些人有的是专门去闹革命的，有的是乘机去做黑市生意的；有的既闹革命，也做黑市生意。那些企图反对这些外流"革命家"和生意人的队干部，不分青红皂白，纷纷被城里来的"点火队"宣布为"假洋鬼子"，一律靠边站了。

社会变得一反常态。可是时令却一如既往；寒露前后，秋风飒飒地吹落了第一批枯黄的树叶。山头上，川道里，一层薄薄的秋庄稼不几天就收割完毕；那斑斑驳驳的大地躺在浅蓝色的天幕下，猛一看，好象瘦了许多……

城市在动荡中……

乡村在动荡中……

全国的运动看来很不平衡。当上海的"一月风暴"刮到这个县的时候，已经到了十月。

本来早已瘫痪了的各级党组织和行政组织，被本县两大派对立的群众组织"红色造反总司令部"（红总）和"红色造反总指挥部"（红指）所属各系统、各单位的战斗队，不费吹灰之力，一天之内就你抢我争地夺了权；把那些权力的象征——钢的或木的，大的或

《当代》1980年第3期发表的《惊心魂魄的一幕》。

悦和兴奋，我只见过这一次。这是他《惊心动魄的一幕》在全国获奖，也是他第一次获奖。后来的几次获奖，包括茅盾文学奖，他再没激动过。

1982年3月25日，秦兆阳在《中国青年报》上撰文《要有一颗热情的心：致路遥同志》，再次谈到他当初对《惊心动魄的一幕》的第一印象：

> 初读原稿时，我只是惊喜：还没有任何一篇作品这样去反映"文化大革命"呢！而你的文字风格又是那么朴实……所以路遥同志，你被所熟悉的这件真事所感动，经过加工把它写出来，而且许多细节写得非常真切，文字又很朴素，毫无华而不实的意味，实在是难得。

秦兆阳赏识这部小说，并成就了路遥。命运的转机就在坚持之间，对于路遥来说就是这样。路遥鲤鱼跳龙门，一跃进入全国知名作家的行列。从文学创作的角度来讲，路遥的文学创作道路可以说是从这部中篇小说开始的，作为作家的艺术个性也是从这部小说开始显露的。从此，路遥的创作跃上了一个新台阶。

《惊心动魄的一幕》的发表极大地提升了路遥文学创作的自信心，改变了路遥在陕西文学界坐冷板凳的际遇，也使他跻身于全国著名作家行列，为全国文坛所关注。

1991年春，路遥在创作随笔《早晨从中午开始》中直言不讳地称秦兆阳是"中国当代的涅克拉索夫"。他写道：

> 坦率地说，在中国当代老一辈作家中，我最敬爱的是两位。一位是柳青，一位是健在的秦兆阳。我曾在一篇文章中称他们为我的文学"教父"……秦兆阳等于直接甚至是手把手地教导和帮助我走入文学的队列。

这进一步证明《惊心动魄的一幕》之于路遥文学创作的意义。

第五章
抒写城乡融合的独特感受

创作中篇小说《人生》

1981年5月,路遥的中篇小说《惊心动魄的一幕》获全国首届优秀中篇小说奖,对于他来说的确是"绝对重要的收获"。路遥一跃成为新时期陕西作家获全国优秀中篇小说奖的第一人,这自然极大地提升了他的创作自信。但是,路遥又感到不满足,他说"我尾随着长长的领奖队伍"。什么意思?太靠后了,他不满足。

在1981年5月的颁奖会上,中国青年出版社副总编王维玲向路遥约稿。面对名编辑的约稿,路遥深受感动,一口应允。

这次会议之后,路遥乘着刚刚获奖"有限度的成功"的喜悦,告别妻女,远赴延安地区的甘泉县,准备一鼓作气创作反复酝酿、几易其稿的中篇小说《人生》。当然,这部小说当时还不叫《人生》。

构思并写作《人生》,与给弟弟王天乐找工作带来的深入思考有关。路遥在清涧县老家的三弟王天乐,勉强读完高中后,在农村教了一年书,因不堪面对一贫如洗的家庭,就跑到外面闯荡。王天乐

路遥写作间隙的留影。

1979年5月出走到延安城,背石头揽工,一干就是一年多。如何切切实实地帮助王天乐改变命运,路遥用的心思最多,可谓绞尽脑汁。

王天乐的命运在路遥的帮助下终于得到改变。1980年的秋天,他以农村户口被招到铜川矿务局鸭口煤矿采煤四区当采煤工人。此后,路遥又不断地用其全力帮助、呵护自己的亲兄弟,后来王天乐先后调到《延安报》社和《陕西日报》社当记者。王天乐改变命运后,又不断在生活上与精神上全力帮助路遥创作。1991年,路遥写作六万字的创作随笔《早晨从中午开始》,"题记"是"献给我的弟弟王天乐",这是他对王天乐多年来追随并帮助自己创作的最大褒奖。

第五章
抒写城乡融合的独特感受

发表《人生》的《收获》1982年第3期封面。

《收获》发表的《人生》首页。

1980年，路遥一方面下决心帮助弟弟跳出"农门"，另一方面已经从王天乐这样有志有为农村青年的奋斗中获得创作灵感，以此来思考一个更深刻的人生话题，这就是他的代表作《人生》。

1981年7月，路遥到甘泉县招待所，开始了中篇小说《人生》创作的最后冲刺阶段。

十月怀胎，一朝分娩。在长期积累与酝酿后，路遥终于迎来了痛苦的分娩时刻，他文思如泉涌，笔下生风，进入了忘情忘我、如痴如醉的工作状态。后来，在桌子上伏的时间长了，胳膊被磨得红肿，他便找了块木板，捧在怀里写作。

高加林来了，刘巧珍来了，德顺老汉来了，黄亚萍来了，小说中的人物一个一个前来报到，集合在路遥笔下，并按照自身的性格逻辑来爱与恨……

路遥在创作随笔《早晨从中午开始》中这样讲述创作《人生》的情景：

细细想想，迄今为止，我一生中度过的最美好的日子是写《人生》初稿二十多天。在此之前，我二十八岁的中篇处女作已获得了全国第一届中篇小说奖，正是因为不满足，我才投入到《人生》的写作中。为此，我准备了近两年，思想和艺术考虑

第五章
抒写城乡融合的独特感受

备受折磨;而终于穿过障碍进入实际表现的时候,精神真正达到了忘乎所以。记得近一个月里,每天工作十八个小时,分不清白天和夜晚,浑身如同燃起大火,五官溃烂,大小便不畅通,深更半夜在陕北甘泉县招待所转圈圈行走,以致招待所白所长犯了疑心,给县委打电话,说这个青年人可能神经错乱,怕寻"无常"。县委指示,那人在写书,别惊动他(后来听说的)……

人,不仅要战胜失败,而且还要超越胜利。

路遥在甘泉县创作时,经常在洛河边散步。他在回忆文章里说:"每天晚饭后,就像当年写《人生》时那样,抓紧时间到洛河边地畔上的小路,像巡礼似的匆匆绕行而过……这是一块永远不会忘记的土地,一条永远留在心间的小路。以后我每次北上路过甘泉,总要透过车窗深情地瞭望这个地方,胸口不由一阵发热。一九九一年秋天我路过此地时,发现新修的铁路线正好从这块川地上通过,原来的景象已不复存在。在无限的惆怅中,我也感到了另一种欣慰。"(袁广斌摄)

中国青年出版社出版的《人生》单行本。

这个视文学为整个生命的人,仅用二十一个昼夜就完成了十三万字的中篇小说《人生》。

路遥写成初稿后,专门到陕北佳县白云山抽了一签,叫"鹤鸣九霄"。路遥需要这种精神暗示,他认为自己是在做一件大事。他甚至还抱着小说稿去铜川煤矿专门给弟弟王天乐念了一遍。他热泪盈眶地告诉弟弟:"弟弟,你想作品首先能如此感动我,我相信他一定能感动上帝。"

1991年9月26日,已获茅盾文学奖的路遥在延川县各界座谈会上做文学讲座时回忆到当年的情形:

二十一天把初稿写完,我自己也不知道这到底是什么东西,就背上这个稿子到陕北转了一圈,认真地把这篇稿子重新审视了一遍。回到西安后,又待了半个月,又赶到咸阳,用了十几天时间,把这个稿子又搞了一稿。这就是第二稿,定稿。

第五章 抒写城乡融合的独特感受

当然,《人生》写成后到发表,还有个精打细磨的修改过程。这部小说初稿名叫《生活的乐章》。《人生》这个名字,是中国青年出版社副总编辑王维玲在小说"题记"中捕获灵感而给起的。

这样,中篇小说《人生》的题目,历经由最初的《加林的故事》到《生活的乐章》,再到《你得到了什么?》的几次反复后,最后落到《人生》才算一锤定音!给小说起名字既是选择最概括的词语诠释小说的过程,也是不断深化小说丰富内涵的过程。《人生》这个朴素的名字,注定要在中国新时期文学中留下精彩的一页。

20世纪80年代的电影《人生》宣传画。

就这样,在许多作家忙于撰写"伤痕文学""反思文学"之时,路遥却以深沉严峻的眼光,敏锐地关注着生活在黄土地皱褶里的普通劳动者的生活变迁和悲欢离合,把自己的全部感情都融汇到了普通劳动者的身上。他在"城乡交叉地带"这个属于自己独特生命体验的优质区位,找到了文学表达的发力点。

《人生》是路遥三起炉灶、三易其稿、反复折腾了三年才创作完成的一部具有现实主义深度与广度的作品,这部小说是路遥对自身

电影《人生》获大众电影百花奖后,路遥(左二)与部分演职人员在一起。

的一次成功超越。它在透视社会的深刻和描摹现实的真切上,超越了路遥以前所有的作品;它在表现生活的深度上和人物形象的复杂性上,也超越了同时期许多作家的思考。

这部中篇小说在大型文学期刊《收获》杂志1982年第3期发表、在中国青年出版社出版了单行本后,很快引起巨大反响,以至于1982年被文学界称为"路遥年"。

1983年,《人生》荣获全国第二届优秀中篇小说奖。主持评审工作的中国作协书记处书记冯牧说:"现在青年作者,学柳青的不少,但真正学到一些东西的,还是路遥。"这次获奖,真正确立了路

第五章
抒写城乡融合的独特感受

20世纪80年代,路遥与西安电影制片厂厂长、电影《人生》导演吴天明交谈。

遥在我国新时期文坛的地位。

与此同时,《人生》还被改编成同名广播剧、话剧、电影等艺术形式,继续引起全国性轰动。中央人民广播电台在1984年将《人生》改编成由著名电影表演艺术家孙道临先生主持的七集同名广播剧,由中央人民广播电台播出。1984年,由上海话剧团改编的同名话剧正式公演。

由路遥亲自执笔改编、著名电影导演吴天明导演、西安电影制片厂拍摄的故事片《人生》于1984年秋在全国公开放映,并引起极大轰动,由此引起的关于电影《人生》的评论,掀起了第二轮《人生》

的阅读高潮。

《人生》1985年获第5届中国电影金鸡奖最佳作品奖；同年，获第8届《大众电影》百花奖最佳故事片奖，演员吴玉芳获"最佳女主角"。1987年获中国电影评论学会和《文汇报》联合举办的新时期10年电影最佳故事片奖，吴天明获导演荣誉奖。

路遥与剧作家金铮交谈。（资料照片）

第六章 书写陕北农村的恢宏史诗(上)

捕捉"社会大转型"时期的历史诗意

小说《人生》获奖后,路遥彻底成为在"广场"上生活的公众人物。然而,路遥是位拥有强大理性的作家,他明白:"作家的劳动绝不是为了取悦于当代,而更重要的是给历史一个深厚的交代。如果为微小的收获而沾沾自喜,本身就是一种无价值的表现。最渺小的作家常关注成绩和荣耀,最伟大的作家沉浸于创造和劳动。"

《人生》走红后,社会上也有一种论断,认为它是路遥不能再逾越的一个高度。路遥也非常清楚,《人生》是自己亲自创造的难以跨越的横杆。

但因《人生》走红的路遥才三十出头,正处于精力旺盛的文学创作期,他怎能躺在昨日的功劳簿中享受余生?路遥是位心性要强且格外理性的作家,他在无数个焦虑而失眠的夜晚警告自己,必须摆脱宏大热闹的"广场式生活",进行新的文学创作,一定要跨越《人生》这个横杆。路遥在少年时期就有过一个梦想:"这一生如果要写一本自己感到规模最大的书,或者干一生中最重要的一件事,那一定是在四十岁之前。"

于是,路遥从成功的幸福中断然抽身,开始思考与准备,决心潜心创作长篇小说《平凡的世界》,进行更加艰苦的文学远征。

路遥最早给这部长篇小说取名为《走向大世界》,他决心要把这一礼物献给"生活过的土地和岁月"。他设定了这部小说的基本框架是"三部、六卷、一百万字",最初还分别给这三部曲取名为《黄土》《黑金》《大城市》。

有两个重要动因,促使路遥下决心创作这部长篇小说。

第一个直接动因,是中国青年出版社副总编王维玲不断催促路遥创作《人生》下部,引发路遥的认真思考。他下决心另起炉灶,开始创作一部长篇小说。

早在1981年底,中国青年出版社副总编王维玲提议小说直接叫《人生》,免得绕来绕去说不清楚。他的提议得到出版社编辑们的一致认可。王维玲也征求了路遥的意见,路遥很满意。当时,王维玲还一直鼓励路遥写《人生》下部,并且要路遥尽快上马,趁热打铁,一鼓作气再创作这部小说的续篇。

王维玲把《人生》推荐给《收获》杂志,很快就在《收获》杂志1982年第3期头条位置刊发。这样,创作《人生》的这座山峰,

路遥终于成功地达到了。

到1982年8月23日,路遥给一直无私帮扶自己的"贵人"王维玲写了一封长信,表达自己欣喜而理智的心情。在这封信中,路遥也阐明已不准备写作《人生》下部的理由,还透露出构思长篇小说的信息。信这样写道:

南云瑞不断地向我转达了您的一些意见,尤其关于《人生》下部的意见。这是一个很重要的问题,需要我反复思考和有一定的时间给予各方面的东西的判断。我感到,下部书,其他的人我仍然有把握发展他(她)们,并分别能给予一定的总结。唯独我的主人公高加林,他的发展趋向以及中间一些波折的分寸,我现在还没有考虑清楚,既不是情节,也不是细节,也不是作品总的主题,而是高加林这个人物的思想发展需要斟酌处,任何俗套都可能整个地毁了这部作品,前功尽弃。

鉴于这种情况,我需要认真思考,这当然需要时间,请您准许我有这个考虑的时间,我想您会谅解我的。我自己在一切方面都应保持一种严肃的态度,这肯定是您希望我的。本来,如果去年完成上部后,立即上马搞下部,我敢说我能够完成它,并且现在大概就会拿出初稿来了……

王维玲因爱才再二催促路遥完成《人生》下部，而路遥却以思考不到位的理由没有答应，足见路遥的定力。换个一般作家，在作品走红时肯定会迎合编辑意图趁热打铁写出下部的。路遥就是路遥，他有常人无法理解的清醒与理智。当然，我们还可以得出这样一个判断，即王维玲因爱才而对路遥的不断催促，才促成《平凡的世界》的最终降生。从这个角度上讲，一位独具慧眼的好编辑对作家创作的影响是巨大的。路遥遇到王维玲，是他的幸运与福分。

第二个直接动因，就是路遥弟弟王天乐的人生际遇直接刺激了他的长篇小说灵感。

1991年，路遥在享受成功喜悦的时候，撰写了回忆长篇小说《平凡的世界》创作过程的创作随笔《早晨从中午开始》，其中有这样一段话：

我得要专门谈谈我的弟弟王天乐。在很大程度上，如果没有他，我就很难顺利完成《平凡的世界》……另外，他一直在农村生活到近二十岁，经历了那个天地的无比丰富的生活，因此能够给我提供许多十分重大的情节线索；所有我来不及或不能完满解决的问题，他都帮助我解决了。在集中梳理全书情节的过程中，我们曾共同度过许多紧张而激奋的日子；常常几天

几夜不睡觉，沉浸在工作之中，即使他生病发烧也没有中断。尤其是他当五年煤矿工人，对这个我最薄弱的生活环境提供了特别具体的素材。实际上，《平凡的世界》中的孙少平等于是直接取材于他本人的经历。

路遥与弟弟王天乐在秦岭的留影。(资料照片)

第六章

书写陕北农村的恢宏史诗（上）

路遥的弟弟王天乐，高中毕业后在清涧老家农村教过几年农村小学。他是一位心气很高的农村青年，既不愿意面对兄弟姐妹众多却一贫如洗的家庭，也不愿窝在山村里熬一辈子。这样，他选择了出走，辞掉民办教师的工作，跑到延安城揽工，而且一揽就是一年多。不知是他不甘于命运的精神感动了路遥，还是作为大哥心中的那份责任，路遥在20世纪80年代前后绞尽脑汁、费尽心机，才使王天乐跳出农门，以延安县的农村户口招工到铜川矿务局鸭口煤矿采煤四区当采煤工人。路遥最初谋划构思这部长篇小说时，王天乐正在铜川矿务局当采煤工人。

朋友们注意一下，《平凡的世界》里孙少平的形象我们都熟悉。第一部写孙少平在原西县中学上学的故事和回到农村当小学老师的事情；第二部写孙少平到城里当揽工汉的事情；第三部写孙少平到铜城煤矿当井下工人的事情。大家再注意看一下，孙少平的人生故事，与王天乐的人生经历有着高度的相似与契合。我们以为路遥弟弟的人生际遇、人生故事，是激发路遥要创作这部史诗性小说的重要动力。因此，我们猜度王天乐不甘于命运安排的性格以及其"出走"行为深深地刺激着路遥，促使他开始就准备以《黄土》《黑金》《大城市》三部曲的方式创作一部结构宏大的长篇巨制《走向大世界》。不管怎样，王天乐是路遥后来创作的长篇小说《平凡的世界》

的直接原型,这点毋庸置疑。

为此,路遥再次背上行囊从省城出发,北上陕北榆林,直扑毛乌素沙漠。他在毛乌素沙漠宣誓后,便义无反顾地投入其长篇小说的创作准备工作中。

第六章
书写陕北农村的恢宏史诗(上)

创作前的准备工作

20世纪80年代初,正是我国改革与发展的"黄金时期",许多人都有自己美好的人生梦想。路遥决定用现实主义的创作方法,以孙少安、孙少平兄弟等人的奋斗串联起中国社会1975年初到1985年十年间城乡社会的巨大历史性变迁,书写普通劳动者的生存、奋斗、情感乃至梦想,讲好普通奋斗者的人生故事。这也非常符合现实逻辑。

路遥为何要把这部长篇小说设计在1975年到1985年十年间中国城乡广泛的社会生活中呢?路遥在创作随笔《早晨从中午开始》中这样回答:

> 这十年是中国社会的大转型时期,其间充满了密集的重大的历史事件;而这些事件又环环相扣,互为因果,这部企图用某种程度的编年史方式结构的作品不可能回避它们。我的基本

想法是,要用历史和艺术的眼光观察在这种社会大背景(或者说条件)下人的生存与生活状态。作品中将要表露的对某些特定历史背景下政治事件的态度,看似作者的态度,其实基本应该是那个历史条件下任务的态度,作者应该站在历史的高度上,真正体现巴尔扎克所说的"书记官"的职能。

我们知道,现实主义方法有两个基本特点:一是把人物命运放置在社会历史大转折时期;二是像"书记官"一样真实地记录历史。

可以想见,王天乐1976年中学毕业进入社会,1978年到延安城揽工,1980年秋招工到铜川矿务局当了一名井下矿工,他的人生正好在"文化大革命"后期到改革开放初期这个社会历史的"大转折时期"展开。路遥从王天乐身上感受到平凡的世界中普通人奋斗的历史诗意。这也是路遥决定用现实主义的创作方法,以孙少平、孙少安兄弟等人的奋斗串联起中国社会1975年初到1985年十年间中国城乡社会的巨大历史性变迁,讴歌普通劳动者的情感、奋斗与梦想的基本逻辑。

路遥设定了这部小说的基本框架是"三部、六卷、一百万字",他最初还分别给这三部曲取名为《黄土》《黑金》《大城市》。他要像"历史书记官"那样,创作一部全景式反映中国当代城乡变迁的史诗

陕西铜川矿务局鸭口煤矿（《平凡的世界》中的大牙湾煤矿）原型。

性巨制，决心要把这一礼物献给"生活过的土地和岁月"。

就这样，32岁的路遥全身心投入为大部头作品做准备工作，纷繁的思考和狂热的工作成为他的生活常态。

路遥先后用六年左右的时间准备与撰写这部长篇巨著，其中，仅扎实而认真的准备工作就断断续续地用了三年。

首先，路遥从阅读中外长篇小说开始，学习和借鉴前人长篇小说的创作经验。他给自己列了一个外国作品占绝大部分的近百部长篇小说阅读书目，并认真读完其中的十之八九。在阅读过程中，他进行了深入的分析与研究，分析小说的主题，研究小说的结构。像中国的长篇小说《红楼梦》他是第三次阅读，《创业史》他是第七次研读，他尽管对这两部小说已烂熟于心了，但还是一丝不苟地重点研读。他还反复阅读了哥伦比亚著名作家加西亚·马尔克斯的魔幻现实主义作品《百年孤独》与传统现实主义作品《霍乱时期的爱情》，并认真比较了这两部小说的创作风格与创作特点。

其次，路遥还阅读大量杂书，为他的这次创作腾飞做坚实的工作准备。路遥在《早晨从中午开始》中披露，他当时阅读面很广，"理论、政治、哲学、经济、历史和宗教著作等等。另外，还找一些专门著作，农业、商业、工业、科技以及大量搜罗知识型小册子，诸如养鱼、养蜂、施肥、税务、财务、气象、历法、造林、土壤改造、风俗、民俗、UFO（不明飞行物）等等。那时间，房子里到处都搁着书和资料；桌上、床头、茶几、窗台甚至厕所，以便在任何时候、任何地方随手都可以拿到读物"。

在专门的高强度的读书活动进行到一定程度后，路遥又按既定计划转入准备作品背景材料的工作中。他初步设计小说要像历史的"书记官"那样全景式地反映中国城乡1975年到1985年十年间的广泛社会生活。为了彻底弄清楚这十年间的社会历史背景，在日后小说创作中准确地描绘出这些背景下人们的生活形态和精神形态，路遥决定用最原始的方法——逐年逐月逐日地查阅这十年间的《人民日报》《光明日报》《参考消息》《陕西日报》和《延安报》合订本。在他看来，报纸不仅记载了国内外每一天发生的重大事件，而且还有当时人们生活的一般性反映。他想方设法找到这些报纸合订本，

苦思冥想的路遥。(郑文华摄)

逐页翻阅。

室内工作告一段落之后,路遥就急切地重返陕北故乡,进行生活的"重新到位",加深对农村、城镇变革的感性体验。现实主义作品的创作方式,要求路遥一丝不苟、全方位地占有资料,熟悉所书写时代的特征与气质。

路遥在闭门读书、深入生活期间,有意识地"中止"了对文坛的关注,既"两耳不闻窗外事,一心只读圣贤书",又脚踩大地,接触泥土,汲取丰厚的创作营养。在这期间,全国各地文学杂志的笔会以及其他方面的社会活动,他也婉言谢绝。1984年12月28日,中国作家协会第四次全国代表大会在京召开,路遥是选举出来的陕

路遥画传

路遥在农村。

第六章
书写陕北农村的恢宏史诗（上）

路遥在炕头上与农民交谈。

路遥在煤矿体验生活时与矿工交谈。

20世纪80年代，路遥在陕北山野与农民交谈。

西代表。这样规模盛大的全国性作家大会，是许多作家一辈子所梦寐以求的政治荣誉，也是作家们亮相的好平台。然而，路遥却因忙于准备长篇小说的创作而毅然决定放弃这次重要机会，这在许多作家看来是不可思议的。可是，路遥就是路遥，他用对自己近乎残酷的方式抉择其舍与得。

应该说，路遥在动笔创作这部"宏大叙事"的作品前就做足了功课，他也有能力完成这部现实主义风格的作品。

《老子》云："胜人者有力，自强者强"；北宋王安石《九卦论》云："君子不可以不知恒"。恒心是事业成功的基本要素。在路遥看来，"只有初恋般的热情和宗教般的意志，人才有可能成就某种事业"。像路遥这样奋斗目标明确，又有恒心与定力的人，没有理由不成就大事业。

信心十足的第一部创作

  1985年的金秋,路遥便携带着两大箱资料和书籍,以及十几条香烟和两罐"雀巢"咖啡,从西安北上铜川,一头扎到铜川矿务局所辖的陈家山煤矿医院,正式进行酝酿三年之久的长篇小说《走向大世界》第一部的创作攻坚阶段。

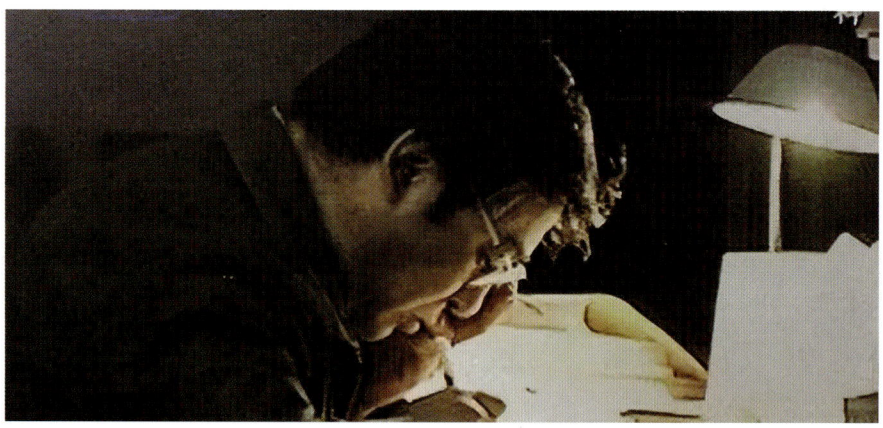

写作中的路遥。

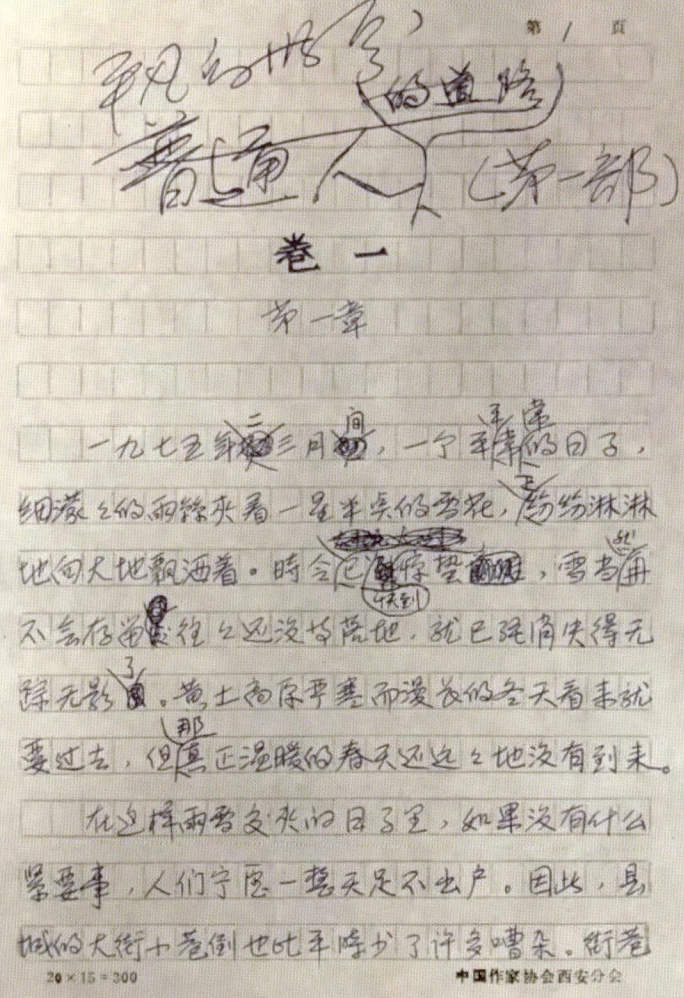

《平凡的世界》第一部第一页手稿。

一九七五年二三月间,一个平平常常的日子,细蒙蒙的雨丝夹杂着一星半点的雪花,正纷纷淋淋地向大地飘洒着。时令已快到惊蛰,雪当然再不会存留,往往还没等落地,就已经消失得无踪无影了。黄土高原严寒而漫长的冬天看来就要过去,但那真正温暖的春天还远远没有到来……

这是长篇小说《平凡的世界》第一部的开头,想必朋友们都非常熟悉。

第六章 书写陕北农村的恢宏史诗（上）

延安大学职工薛景的刻纸系列作品《路遥》。

这段写景性的开头融注了丰富的信息，具有多重象征意味：一是明确了小说的故事时间起点在1975年的二三月间，故事场域在黄土高原，既便于人物出场，也能勾起读者的极大阅读兴趣；二是对冬春之间雨夹雪天气的着意描写，勾勒出具有象征性的人物出场环境。冬春之间的雨夹雪，意味着温暖与严寒的搏斗，也象征着旧的势力尽管百般阻挠春的脚步，但春天毕竟要来临，这是谁也无法改变的事实。这样，路遥所酝酿已久的人物，就要在一个充满矛盾但又孕育着新生力量的时空环境中登台亮相了。

罗雪村为路遥所创作的漫画

这个既平稳又有诗意的象征性开头,是路遥用了三天才写就的。很多年后,路遥弟弟王天乐在回忆文章中讲述了路遥当年痛苦琢磨小说开头的情形:

我已奔赴延安黄河边采访……有一天晚上,路遥把电话打到延川县招待所找到了我(我现在都佩服路遥找我的功夫,无论我在哪里,他一下就把我抓住了)。他告诉我,三天了,小说开不了头,急得他吃不下,睡不着。听得我出了一身冷汗。我想了一会,告诉他,你平静点,现在就好像你进了孕妇产房一

第六章
书写陕北农村的恢宏史诗（上）

样，生下生不下，谁都救不了你。路遥说知道了，我也不会让你来铜川，主要是想说一说话，心里能畅快一点。他告诉我，如果三天内不打电话，就是小说的头开了。这三天你不能离开县招待所。我在延川就像受惊的兔子一样待了三天，电话一响，我就万分紧张。规定的日期过去了，电话没来，我高兴地把我的另一个好朋友记者按倒在地，告诉他晚上我请客，我哥的小说开头了，说完我失声痛哭。我的那名同行摇了摇头说，你神经上是不是出了什么毛病。

王天乐尽管有些夸张，但基本事实却是清楚的，即路遥小说的开头开得很艰难。有文学创作经验的人都知道，作品的第一句话就是整个作品的调子。调子起高了，唱不上去；调子起低了，唱不出水平。路遥自然清楚其中的道理。他为了给全书定一个合适的叙述基调，可谓苦心孤诣，绞尽脑汁。

路遥终于找到小说开头感觉，思维一下子被激活了，他的创作列车终于启动，开始有节奏地向前行进。

读者朋友们会问，路遥为何选择铜川矿务局创作长篇第一部的初稿？

我们研究的结论是这样的：一是他的这部系列长篇的第三部要

20世纪80年代,郑文华镜头里的路遥。

在省作协大院沉思的路遥。(郑文华摄)

涉及煤矿生活，他在创作第一部时进入矿区，置身于即将在第三部出现的生活场景，随时可以直接感受那里的气息，在将来动笔创作时能更好地进入状态。二是他已兼任铜川矿务局党委宣传部副部长，可以名正言顺地获得一些起码的方便条件，便于自身的创作。至于到铜川矿务局下属的陈家山煤矿进行创作，则是曾在铜川矿务局当了四年井下工人、现已调到《延安报》社当记者的三弟王天乐的一手安排。陈家山煤矿虽距铜川市区较远，但是矿务局中现代程度较高的煤矿之一，各种设施相对全面；另外，王天乐的两个妻哥在此矿工作，他们会对路遥有所照应。路遥去陈家山煤矿之前，矿上已经在矿医院为他找好了相对安静的创作环境——二楼上一间用会议室改成的工作间，一张桌子、一张床、一个小柜，还有几张人造皮沙发；也为他安排好用餐的地方——矿医院职工食堂。应该说，这个创作环境在当时的条件下已是相当不错的了。

路遥自进入陈家山煤矿创作后，就抱定不完成初稿不出山的目的，坚持每天按照5000字的速度匀速推进。他专门打了张表格，上面写清楚拟定创作的第一部五十三章从1到53的一组数字，并把它贴到房间的墙上。每写完一章，就划掉一个数字，以此来激励自己的漫长创作行程……

创作生活是艰苦的，矿医院职工食堂的伙食单调而没有什么营

20世纪80年代,郑文华镜头里的路遥。

养,仅仅能吃饱而已。中午一般只有馒头、米汤、咸菜,下午一般是面条,或者重复中午的饭菜。路遥因早晨起床迟,从不吃早饭,中午和晚上随灶吃饭,灶上做什么,他就吃什么,在吃食上从不讲究。有时候,创作紧张时常忘记吃饭,甚至一天只凑合一顿饭。他每天中午吃完两个馒头一碗稀饭,就匆匆赶回工作间。在准备当天工作的空当,用电热杯烧开水冲一杯咖啡,就立刻坐下工作。晚上吃完饭,要带两个馒头回来,当凌晨工作完毕上床前,再烧一杯咖

第六章

书写陕北农村的恢宏史诗（上）

啡，吃下去这两个冷馒头，权当是一天的加餐。

煤矿的老鼠多得惊人，据说是矿工们经常乱扔吃剩的馒头所致。路遥刚来到工作间后，两只老鼠也闻风跟进，恣意捣乱。尤其是晚上，路遥一拉灭灯，这两只老鼠就大吵大闹，甚至跳上路遥的床，与路遥做起游戏。路遥在创作间隙，叫来医院的几名职工，堵住门窗，消灭了一只。但另一只却精猾无比，路遥无可奈何。由此，路遥才灵机一动，想出用馒头贿赂老鼠的方法——每天晚上多拿一个馒头放在门后边做老鼠的口粮，供其享用。这样，老鼠在晚上也不闹了，路遥才安静地休息。后来，这只老鼠是路遥在孤独的创作世界里的唯一伙伴，它与路遥和平相处，直到路遥离开。路遥后来还非常后悔打死它的伙伴，并把此事写进其创作随笔《早晨从中午开始》之中。

1985年的12月上旬，路遥在陈家山煤矿终于完成长篇《走向大世界》第一部的初稿创作。他告别了陈家山煤矿，也告别了那只与他为伴的小老鼠。

1986年的春天，路遥又进行这部小说的抄写与修订工作。在每次不可缺的社交应酬之后，路遥又很快转换角色，投入稿件的抄写工作中。这样，高强度的稿件抄写工作持续了两三个月才结束，他倾注满腔心血的长篇小说第一部终于定稿。

小说是定稿了，但路遥对小说的名字不是很满意。他原以《走向大世界》为题创作《黄土》《黑金》《大城市》三部曲。第一部定稿后，他又把题目调整为《普通人的道路》。他甚至还为小说起了几十个备选名字，感到每个都总有些欠缺。后来，在子页、和谷、朱文杰等朋友的建议下，路遥把这部长篇小说更名为《平凡的世界》。这个既具有高度概括力又大气平稳的名字，内涵丰富又朴素、内敛，符合路遥小说的特点。

小说终于完成了，就要联系发表的事情。俗语言"丑媳妇终要见公婆"，更何况这是路遥精心打造的长篇三部曲中的第一部，路遥自然期望它能嫁个好"人家"，在国内的一流文学杂志上发表，报答读者多年的期望与关心。

路遥在溪水边小憩。

第七章 书写陕北农村的恢宏史诗（下）

第一部"一波三折"的发表过程

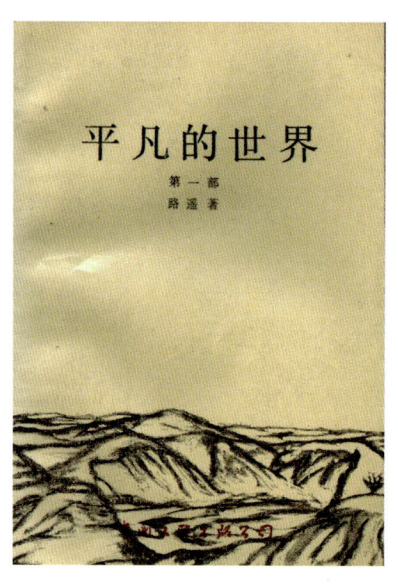

《平凡的世界》这部小说命运与小说《人生》的命运截然相反。《人生》在1982年发表后,一时间"洛阳纸贵",评论界更是给予高度评价,认为这部十三万字的中篇小说给中国文学画廊塑造了一个叫"高加林"的典型人物。可过了短短的三四年后,《平凡的世界》第一部的发表过程就非常艰难,"一波三折",更不要说被评论界认可了。

1986年初夏,路遥创作完成《平凡的世界》第一部后,是很期待能在《当代》上发表这部长篇小说的。早在1980年,他的成名作《惊心动魄的一幕》就是在《当代》上发表后,荣获了全国首届优秀

第七章
书写陕北农村的恢宏史诗（下）

中篇小说奖。1982年，他的力作《在困难的日子里》也是在《当代》上发表并引起广泛反响的。说《当代》是他的福地一点不为过。再说，1986年的《当代》，每期能发行到五六十万册，能在《当代》上发表自己精心打造的长篇，这也是蛰伏几年后最好的公开亮相。

路遥当时自信满满，觉得以高举现实主义大旗、曾多次护佑自己的《当代》一定能赏识这部作品的，可是《当代》一位来西安组稿的年轻编辑却找了一个冠冕堂皇的理由退稿了。作家出版社的编

郑文华镜头里的路遥。

辑也是看了三分之一后就干脆直接退给了路遥，说这本书不行，不适应时代潮流，属于老一套"恋土派"。

事实上，路遥在构思与创作《平凡的世界》第一部时，现代主义的文学思潮已经是铺天盖地、滚滚而来，各种外来的文学思潮和表现方法如同"走马灯"一样令人眼光缭乱、应接不暇。"现实主义创作方法"过时论的言论更是甚嚣尘上，作家们唯恐自己不新锐、唯恐自己不赶时髦。在文学界由"写什么"到"怎么写"的风潮转向中，许多作家纷纷开始朝"魔幻现实主义""意识流""象征主义""黑色幽默""寻根文学"等方向突围。许多作家强调创作的潜意识性、非理性，强调表现人的情欲——性欲，表现人的非理性状态，表现人的原始性。甚至到了小说里不写人的原始性欲，那就不是小说，不在形式上玩所谓的"花样"就不是好小说的地步。这样，路遥自信满满的现实主义创作方法，至少在当年已被众多编辑与文学评论家视为"过于陈旧"的方法，他的小说不被认可也在情理之中。

可以想见，这部长篇小说一降生所拥有的悲剧性命运。曾退回此稿的《当代》编辑后来也反思：

这么说吧，当时的中国人，饥饿了多少年，眼睛都是绿的。

读小说，都是如饥似渴，不仅要读情感，还要读新思想、新观念、新形式、新手法。那些所谓意识流的中篇,连标点符号都懒得打,存心不给人喘息的时间。可我们那时候读者就很来劲,那就是那个时代的阅读节奏,排山倒海,铺天盖地。喘口气都觉得浪费时间。

路遥找来中国文坛上热捧的一些所谓的代表作来阅读,发现中国文坛的确患起了"流行性感冒",许多作品步西方现代主义文学大师的后尘,亦步亦趋地模仿。这些小说与他为创作长篇小说所精心阅读的卡夫卡、乔伊斯、福克纳、海明威、西蒙、塞拉、伯尔、伦茨、辛格、博尔赫斯、马尔克斯、略萨等西方和拉美现代派大师相比较,尚有较大的距离,更谈不上超越。这些作家的一些所谓现代派小说技法,路遥也曾在自己的短篇小说《我和五叔的第六次相遇》以及中篇小说《你怎么也想不到》中娴熟地应用过。这样,他原来高度紧张的神经放松了下来。

在路遥看来,中国文坛在现实主义文学尚不发达的情况下,简单地模仿西方现代派作品的创作方法,显然是一种"东施效颦"的做法。任何一种新文学潮流和样式的产生,根本不可能脱离特定的人文历史和社会环境。考察一种文学现象是否"过时",目光应该投向读者大众……

当时,一位满腹文学理论新名词的陕北老乡给路遥讲"意识流"和"魔幻现实主义"两种写作方法时,咬一口陕北普通话。他走后,路遥对弟弟王天乐说:"看来这种写法比较厉害,能把人的口音都变了。"他接着说:"难道托尔斯泰、曹雪芹、柳青等等一夜之间就变成这些小子的学生了吗?"

然而,激愤是激愤,路遥当时对中国文坛现实看得很清楚。他意识到这部书的发表和出版是很成问题的。这部书基本用所谓的"传统"的手法表现,和当时的文学潮流悖逆;一般的刊物和出版社都对新潮流作品趋之若鹜,不会对这类作品感兴趣。

另外,全书共三部,这次是第一部,编辑无法预知后两部会是什么样子,自然不敢贸然决定。再说,全书将有一百万字,这么庞大的数字对任何一家出版单位都是个沉重的负担。

好在这个世界上终于有识"货"之人。在多位朋友的推荐下,《花城》杂志决定发表《平凡的世界》第一部。

与此同时,正在西安组稿的中国文联出版公司青年编辑李金玉女士,注意到路遥《平凡的世界》第一部了。她被作品的恢宏气魄和深刻内涵深深震撼了,感觉到这是一部不可多得的"大手笔",并郑重向路遥约稿。组回《平凡的世界》第一部书稿的中国文联出版公司青年编辑李金玉,也承受很大压力。领导得知《当代》和作家

第七章
书写陕北农村的恢宏史诗（下）

出版社曾经退稿的情况后，也曾一度缺乏信心，甚至认为她"丢了西瓜，捡了芝麻"。在李金玉的不懈坚持与艰难斡旋下，公司领导才下决心出版此小说。直到8月，路遥才与中国文联出版公司正式签订出版合同。

这样，《平凡的世界》第一部终于在1986年11月由《花城》第6期刊发，同时也由中国文联出版公司1986年12月出版了第一版的精装与平装两种版本。

后来，《平凡的世界》第二部、第三部的发表更是艰难。第二部没有在国内任何文学刊物上公开发表，第三部也只是在《黄河》杂志上刊发。

《平凡的世界》第一部虽一波三折，但终于面世了，也有了让读者和历史审视它存在价值的机会。

1987年元月，《花城》和《小说评论》编辑部共同在北京主办

路遥和他手中永远放不下的一支笔。(资料图片)

了《平凡的世界》第一部座谈会。据参会的《延河》主编白描在路遥逝世20周年座谈会上回忆：第一部研讨会在京召开，评论家却对其几乎进行全盘否定，正面肯定的只有朱寨和蔡葵等少数几位。他回忆，当时一些评论家甚至不敢相信《平凡的世界》第一部出自《人生》作者之手。面对许多人的尖刻批评和否定，路遥当时真有些"林教头风雪山神庙"般的苍凉心情。

事实上，这次研讨会上的情况路遥预料到了。他在创作随笔《早晨从中午开始》中冷静地写道：

第七章
书写陕北农村的恢宏史诗（下）

第一部发表和出版后的情况在我的意料之中。文学界和批评界不可能给予更多的关注，除过当时的文学形势，还有一个重要原因如前所述是因为这是全书的第一部，它不可能充分展开，更谈不到有巨大高潮的出现，评论界持保留态度是自然的。

路遥虽然从内心深处渴望评论家的正面赞誉，但他也是理性和冷静的，他知道第一部的不足，因而冷静地面对这次研讨会。

接下来，路遥会怎么做呢？

"迎风而立"的第二部创作

《平凡的世界》一开场就具有了悲剧性的命运。究其核心原因，就是中国文坛的风向发生变化了。而路遥所坚持的现实主义的创作方法，已经成了被文学评论界所指为"过于陈旧"的创作方法。

我国古代文论家刘勰言："文变染乎世情，兴废系乎时序"，一个时代有一个时代的文学特征。在当时国门刚刚开放的年代，人们有求新求变的观念也无可厚非。

有研究者认为路遥当年固守现实主义阵地，是由于不懂得现代主义文学，其实这个判断是简单的、幼稚的。路遥早在构思《平凡的世界》时，就注意到现代主义创作方法问题。他还反复

路遥在柳青墓前沉思。（资料照片）

1987年夏，路遥在宝鸡做报告时，一个小女孩向他递纸条。（郑文华摄）

阅读了哥伦比亚作家加西亚·马尔克斯的魔幻现实主义作品《百年孤独》与现实主义作品《霍乱时期的爱情》，并认真比较了这两部小说的创作风格。路遥也曾在短篇小说《我和五叔的六次相遇》、中篇小说《你怎么也想不到》等一些作品中娴熟地运用过现代主义创作的一些技法。

那么，路遥为何要执拗地坚持"现实主义创作方法"呢？路遥认为：

生活和题材决定了我应采用的表现手法。我不能拿这样规模的作品和作品所表现的生活去做某种新潮文学和手法的实验，那是不负责任的冒险。也许在以后的另外一部作品中再去试验。再则，我这部作品不是写给一些专家看的，而是写给广大的普通的读者看的。作品发表后可能受到冷遇，但没有关系。红火一时的不一定能耐久，我希望它能经得起历史的审视。

他还说："我不是想去抗阻什么，或者反驳什么，我没有那么大的力量，也没有必要，我只是按照自己对生活的理解和自己的实际出发的。"

当路遥读到苏联当代作家瓦·拉斯普京的讲"珍惜地告别，还是无情地斩断"主题的理论文章时，他激动地对王天乐说："我真想拥抱这位天才作家，他完全是咱的亲兄弟。"

事实上，俄罗斯作家拉斯普京所提出的命题，也是路遥所反复思考的问题，即"当历史要求我们拔腿走向新生活的彼岸时，我们对生活过的'老土地'是珍惜地告别还是无情地斩断？"

第七章 书写陕北农村的恢宏史诗（下）

在第一部出师不利的情况下，路遥严肃认真地思考自己创作的出路：是认真继承现实主义传统，还是像别人那样"唯洋是举"、彻底割裂传统？是像"历史书记官"那样真实地再现历史，还是进行"个人化写作"？是尊重大众阅读，还是追求所谓的新语言、新形式？……路遥用"老土地"的形象比喻，思考自己的困惑与坚持。当然，回答还是坚持走自己的路。

路遥进一步认为："文学的'先进'不是因为描写了'先进'的生活，而是对特定历史进程中的人类活动作了准确而深刻的描绘。发达国家未必有发达的文学，而落后国家的文学未必就是落后的——拉丁美洲可以再次作证。"

想通了这些问题之后，路遥的心是坦然的，也是自信的。他后来在创作随笔《早晨从中午开始》中回答了这个问题，他说："考察一种文学观点是否'过时'，目光应该投向读者大众。一般情况下，读者们接受和欢迎的东西，就说明他有理由继续存在……'现代派'作品的读者群少，这在当前的中国是事实；这种文学样式应该存在和发展，这也毋庸置疑；只是我们不能因此而不负责任地弃大多数读者不顾，只满足少数人……至于一定要在现实主义创作方法和现代派创作方法之间分出优劣高下，实际上是一种批评的荒唐。"

可见在这次出现的文学新潮流面前，路遥并没有选择迎合，而

喜欢牛的路遥,在秦岭的牛群前留影。

是坚定地固守传统。这样,在整个文坛都"反传统"的时候,路遥却坚持传统的现实主义创作手法。这是他深邃历史理性的反映,也是其长期创作所形成的艺术直觉的外化。路遥拥有深厚的苏俄文学阅读背景,他酷爱列夫·托尔斯泰、肖洛霍夫、艾特玛托夫等人的作品,更懂得文学的生命在于书写人的命运、人的灵魂,而不是华

第七章
书写陕北农村的恢宏史诗（下）

美的语言与复杂的技巧。因此，这部被文学界普遍不看好的大部头作品，只能是路遥在一种深邃而强大的历史理性指导下去完成。

事实上，这位当年才三十多岁的年轻人，却拥有同时代许多作家所不具备的冷静与深刻、清醒与理性的思维品格。

这样，也注定了路遥的创作只能是"逆风而战"，是"个人向群体挑战"。因为，他明白："在中国这种一贯的文学环境中，独立的文学品格自然要经受重大考验"，"在这种情况下，你之所以还能够坚持，是因为你的写作干脆不面对文学界，不面对批评界，而直接面对读者。只要读者不遗弃你，就证明你能够存在。其实，这才是问题的关键。读者永远是真正的上帝"。

1986年夏，在《平凡的世界》第一部发表情况大体有眉目后，路遥去南方的广州逛了几天。一来亲自到得改革开放风气之先的广东走走，现场感受那里的变化，寻求切身的心灵体验；二来，即将开工的第二部是写改革开放大潮下我国北方城乡底层人物的梦想与追求，不了解中国改革开放最前沿地区社会生活的变化，又如何把握？

当然，路遥还去了一趟长安县柳青墓。从文学起步的那天起，路遥就受到柳青各方面的影响，包括精神姿态，也包括创作风格。路遥也一直把柳青视为自己的精神导师与文学"教父"。在1980年

和1983年，路遥还专门撰写了《病危中的柳青》和《柳青的遗产》，以表达对柳青老人的由衷敬意。这次，在《平凡的世界》第二部即将开始创作之时，路遥去柳青墓显然是有目的的，而不是平平常常的祭扫。路遥虽是位精神硬汉，但也更需要柳青赐予特定的精神力量。

这样，路遥背起行囊，到陕北延安地区吴起县武装部小院创作《平凡的世界》第二部去了。他以极大的艺术自信心向着既定的目标前行，完成了第二部的创作。

1987年年初，路遥开始《平凡的世界》第二部初稿的修改与誊写后，中国作协来电话征求意见：根据中国政府和德意志联邦共和国政府文化协定，中国作协决定组建一个五人的中国作家代表团访问联邦德国，希望路遥参加。能到诞生了贝多芬、歌德、黑格尔、马克思等诸多世界文化名人的国度访问，亲眼看看西方资本主义国家的发达状况，这是路遥所求之不得的事，更何况西德还拥有他最热爱的足球。

路遥高兴地接受了这份"公差"。在朋友们的帮助下，路遥用"速成包装法"快速拼凑齐一套全新的出国行头。3月2日，以著名作家王愿坚为团长的中国作家代表团正式踏上行程。代表团成员有中国作协陕西分会副主席路遥、中国作协福建分会副主席袁和平、中

在省作协大院沉思的路遥。(郑文华摄)

路遥在联邦德国观看足球比赛。

国作协西藏分会专业作家扎西达娃以及中国作协外联部翻译金弢。代表团一行乘机离京后，到达西德访问的第一站——西德的法兰克福。在法兰克福下飞机后，酷爱德国足球的路遥向德方陪同人员提出希望在访问期间看一场足球比赛的愿望，德方陪同人员愉快地答应了路遥的请求。在法兰克福稍事休息后，代表团开始了马不停蹄的访问。他们首先赶到汉堡访问。随后，代表团去了西德首都波恩。代表团从波恩去了西德的著名大城市科隆，并参观了宏伟、壮观的科隆大教堂。接着代表团又从科隆赶到西柏林游览，眺望了著名的国会大厦。在西柏林，除了团长王愿坚外，代表团其他成员又以旅游者身份去东柏林一天，观赏了东柏林的街景与市容。返回西柏林后，代表团去了慕尼黑。在慕尼黑期间，热情的德方陪同人员满足了路遥看场足球赛的请求。就这样，路遥走进慕尼黑奥林匹克中心，观看了一场拜仁慕尼黑队与纽伦堡队的球赛，欣赏到著名球星鲁梅尼格的精彩表演，看到他如何给对方的球门踢进第一个球。那天，路遥和全场八万名观众度

第七章
书写陕北农村的恢宏史诗（下）

过了一个如醉似狂的下午。

在各种体育运动中，路遥最喜欢看足球比赛。他在创作随笔《早晨从中午开始》中言："在一切体育运动中，我只对高水平的足球比赛心醉神迷。它是人类力量和智慧的最美好的体现。它是诗，是哲学，是一种人生与命运的搏击。"

1987年3月，路遥在联邦德国访问。

代表团从慕尼黑出发参观德国著名戏剧家席勒的故居后，再返回法兰克福乘机经由意大利首都回国。这次出访，使路遥这样一位陕北黄土高原上出生并着力在"城乡交叉地带"创作的作家大开眼界，触动很大。他感觉自己似乎置身于另一个星球的生活，思维的许多疆界被打破了，他竭力寻找这个陌生的世界与国内的不同点与相同点。在这巨大的物质反差面前，路遥竟不由自主地回想到黄土高原、回想到高原上辛劳耕作的父老乡亲，有时竟情不自禁地潸然泪下。

这次穿西服、系领带的出国访问，是路遥短暂人生的唯一一次，在他生命里留下了深刻的印记。回到西安的一个月后，即4月28日，中国作协陕西分会召开座谈会，邀请路遥和也刚从西德访问归来的

评论家王愚畅谈访德观感。路遥和王愚认真介绍了他们对这个国家的印象与访问感觉。路遥打了一个形象的比喻：这次出访，好像是一个穷人到富人家里串了一趟门，让人眼花缭乱。路遥幽默的讲话，笑倒了好多人。他最后得出结论："梁园"虽好，但那是人家的。我们不应该叹息，更不应该妄想去坐享其成，我们应该根据自己的特点，学习人家的长处，赶上去。而作为一名作家，如果离开了自己的祖国和人民，那他将一无所成，这在文学史上不是没有先例的。他在北京机场下飞机后，泪水一下子涌出眼眶，因为自己又踏上祖国的土地，又回到了自己的家……路遥动情的讲述打动了许多人。

1986年夏到1987年夏，创作完成第二部。就在写完第二部的时候，路遥健壮如牛的身体出了问题。"身体状况不是一般地失去弹性，而是弹簧整个地被扯断"，"身体软弱得像一摊泥。最痛苦的是吸进一口气就特别艰难，要动员身体全部残存的力量。在任何地方，只要一坐下，就睡着了"。路遥甚至想到过放弃，想到过死亡。

在如此糟糕的身体状况下，路遥能完成第三部创作吗？他又会以怎样的方式进行第三部创作呢？

燃烧生命的第三部创作

1987年夏天,原先健壮如牛的路遥在《平凡的世界》第二部抄写的最后阶段,身体开始"掉链子"生病了。路遥便有了胡思乱想的"过度反应":"一个更大的疑惑占据了心间:是否得了不治之症?""我第一次严肃地想到了死亡。我看见,死亡的阴影正从天边铺过来。我怀着无限惊讶凝视着这一片阴云。我从未意识到生命在这种时候就可能结束。"

但是,路遥却把1987年夏天生病的讯息包得非常严实,他在生前一直没有公开透露过自己的病情。事实上,西安的大医院当时是确诊了他的病情,但他却刻意隐瞒,以致许多人在1992年路遥彻底病倒后才知道他当年患有肝病。

路遥病了,真真切切地病了,一部运转得很好的机器突然出现了故障。他开始病急乱投医,整天吃中药。但他对得了什么病,却一直讳莫如深,深藏心间。因为某种忌讳,至少在他看来这个病是不能广为告知的。

因为越治越没有效果的原因,路遥甚至想到过"死亡"这个不寒而栗的字眼。然而,《平凡的世界》仅仅完成两部,他不能重蹈曹雪芹和柳青的覆辙,留下残缺的著作,他还想继续完成第三部创作啊!因此,1987年的夏天对于路遥来说,首要的是求医治病。

他想到故乡陕北榆林地区的中医,决定回榆林求医。1991年,路遥撰写的创作随笔《早晨从中午开始》中写到他当时的心态:"不能迷信大城市的医院。据说故乡榆林地区的中医很有名,为什么不去那里?这里三伏天热就能把人热死,到陕北最起码要凉爽一些。到那里病治好了,万幸;治不好,也可就地埋在故乡的黄土里——这是最好的归宿。"

1987年为路遥看病的老中医张鹏举的遗像。(南智明翻拍)

这样,路遥立刻被带到榆林地区年逾七旬的著名老中医张鹏举先生面前。张鹏举果然很有本事,才几剂中药下去,路遥的病情就有了好转。路遥信心大增,对医生的嘱咐无不听从,心情也渐渐轻松起来了。

第七章
书写陕北农村的恢宏史诗（下）

张鹏举1987年为路遥看病的房间。（袁广斌摄）

张鹏举的儿子张征和儿媳妇崔艾华。（南智明摄）

1987年10月下旬，也就是陕北的深秋季节，路遥住进了榆林宾馆，专门来创作《平凡的世界》第三部。

路遥这次选择榆林宾馆作为第三次"阵地战"的主战场，还是颇费了一番心思。经过两个多月的治疗与调理，路遥的病情已经好转，但因身体长期严重透支，体质还是虚弱。在这种情况下，一般进行长卷体长篇小说创作的作家都是继续静养身体，恢复体力后再行创作。

榆林宾馆的好环境是既能养病又能继续创作的最佳选择。路遥

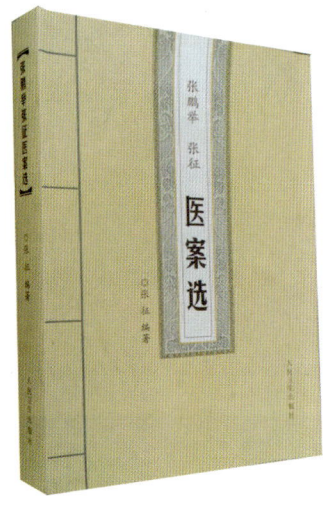

张鹏举的儿子张征编著的《张鹏举张征医案选》。(袁广斌摄)

的病就是榆林名医张鹏举老先生看好的,在张鹏举老先生的眼皮底下继续调理与创作,他心里更踏实。再者,榆林宾馆刚刚建成,设施新、功能全、服务好,完全可以满足路遥创作期间的饮食与休息的需求。

春节前的一个星期,路遥在身体几乎虚脱的状况下,终于完成了第三部的初稿。

1988年的春节刚过不久,路遥又一次在西安投入战斗,开始第二稿的修改与誊写工作。他趁

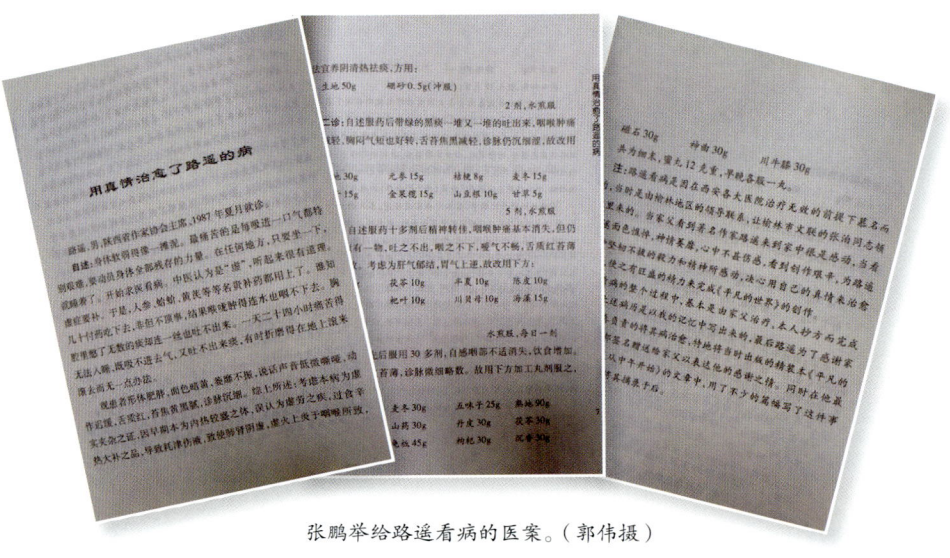

张鹏举给路遥看病的医案。(郭伟摄)

第七章
书写陕北农村的恢宏史诗（下）

身体还能撑架住某种重负，赶快趁热打铁完成第二稿。

与此同时，中央人民广播电台文艺部将《平凡的世界》第一部、第二部录制完毕，拟于1988年3月27日在中央台"长篇连播"节目中播出，这意味着《平凡的世界》将乘着声音的翅膀飞入千家万户。

1988年3月27日中午12点半，中央人民广播电台AM747频道"长篇连播"节目准时播出《平凡的世界》第一部。播音员李野墨富

路遥1987年10月至1988年1月写作《平凡的世界》第三部时所住的榆林宾馆客房部，现在是榆林市城管执法办公楼。（南智明摄）

艰难创作《平凡的世界》第三部的路遥。(郑文华摄)

有磁性的男中音，透着一些深沉、粗犷与豪放，随着电波传来了：

一九七五年二三月间，一个平平常常的日子，细蒙蒙的雨丝夹杂着一星半点的雪花，正纷纷淋淋地向大地飘洒着。时令已快到惊蛰，雪当然再不会存留，往往还没等落地，就已经消失的无踪无影了。黄土高原严寒而漫长的冬天看来就要过去，但那真正温暖的春天还远远没有到来……

路遥是位非常富有心理暗示与仪式感的作家。当作品的抄改工

第七章
书写陕北农村的恢宏史诗（下）

甘泉县城中心的广场上，镌刻着路遥的名句"像牛一样劳动，像土地一样奉献"。（袁广斌摄）

路遥在甘泉县创作《人生》和《平凡的世界》第三部时，曾经长时间居住过的甘泉宾馆。（袁广斌摄）

作进入最后部分时，他突然想到这最后的工作要放在陕北的甘泉县去完成。因为在那里，他曾写出过自己初期的重要作品《人生》，那是他的一块"风水宝地"。当然，选择在那里最后完稿，有纪念的意思，也有超越的味道。

这种热望一旦在路遥心中产生，他在机关院子里一天也待不下去，似乎有一股神秘的力量在召唤他远行。这样，路遥再次入住延安地区甘泉县招待所，开始最后的冲刺。1988年5月25日，撞线的时刻终于来临。

就在接近通常吃晚饭的那个时分，路遥最后的百米冲锋战斗结

郑文华镜头里的路遥。

第七章
书写陕北农村的恢宏史诗（下）

束，终于为全书画上了最后一个句号。几乎不是思想的支配，路遥从桌前站起来所做的第一件事，就是把手中的那支圆珠笔从窗户里扔了出去。他来到卫生间用热水洗了洗脸。几年来，他第一次认真地在镜子里看了看自己，这张陌生的头颅两鬓竟然有了那么多的白发，整个脸苍老得像个老人，皱纹横七竖八，憔悴不堪。

路遥看见自己泪流满面，索性用脚把卫生间的门踢住，出声地哭起来。他向另一个路遥表达无限的伤心、委屈和儿童一样的软弱；而那个父亲一样的路遥制止了哭泣的他，并引导他走出卫生间。

路遥细心彻底地收拾了桌面，一切都装进了远行的箱子里，唯独留下那十本抄写得工工整整的手稿放在桌面的中央。他又坐下来点燃一支烟，沉默了片刻，以使自己的心情平静下来，他知道，朋友们此刻正围坐在酒桌前等待着自己。

在这一刻里，路遥什么也没有想，只记起了德国作家托马斯·曼的那句话："……终于完成了。它可能不好，但是完成了。只要能完成，它也就是好的。"

1988年5月25日晚，结束了简单的庆祝酒宴后，路遥就在弟弟王天乐的陪同下赶到延安，从吴堡过黄河，先赶赴太原将复印稿交《黄河》。山西的《黄河》杂志推迟二十多天发稿时间，就为等待他现在完稿的第三部。这样，《黄河》就赶在6月底刊出《平凡的世

界》第三部了。

6月1日,路遥准时赶到中央人民广播电台送去第三部手稿。他去后才发现,中央人民广播电台的编辑台上已经堆集了两千多封听众的热情来信。

读者们用心品味,会发现《平凡的世界》三部曲的结构缜密完整,气韵贯通一致,节律十分统一,原因在于路遥是用生命的元气创作的。

第八章

倒在干渴的路上

站在第三届"茅盾文学奖"领奖台上

1988年3月27日,《平凡的世界》在中央人民广播电台《长篇连续广播》节目中开始长达126天的播出。

在20世纪80年代,广播是重要传媒方式,传统的小说连播是中国民众文化消费的重要通道,《平凡的世界》的播出效应可想而知。小说乘着播音的翅膀,飞到千万听众的耳畔。

这部完整地再现了社会转型时期纷繁多变的社会现象、真实地反映社会底层奋斗者悲欢离合和心灵世界的现实主义力作,一下子征服了广大听众,并产生了强烈共鸣。

《平凡的世界》自开播到结束,在听众中引起强烈反响,数千封听众来信像雪片一样飞进中央人民广播电台。来信者中有学生、教师、工人、农民、军人、离休干部、待业青年等,他们共同表达这样的心情:听了《平凡的世界》,它教我们走路,教我们生活,教我们如何去实现自我人生价值。在这个天地里,我们领悟了作家手中

1988年11月,路遥与台湾作家柏杨、张香华夫妇在一起。(郑文华摄)

20世纪80年代,路遥在迎新联谊会上。

笔锋的锐利,体会到了文字撼人的魅力……

1988年,《平凡的世界》广播直接听众就达三亿之多,听众来信居20世纪80年代同类节目之最。《平凡的世界》是沙漠中的甘泉,是美好的精神食粮,给无数普通人带去温暖,带去奋斗与前行的希望。

1988年7月27日,在延安大学50周年校庆前夕,已经成为全国著名作家的路遥专门为母校写下:"延大啊,这个温暖的摇篮!"以此表达他对母校的崇高敬意与感激。

第八章
倒在干渴的路上

9月24日下午，应邀参加延安大学建校50周年校庆活动的路遥与中文系的同学们进行文学对话。

首先，路遥谈了他对陕北和母校的看法。他说：我认为真正的思想出于僻静之处，在太嘈杂的社会环境里，人不得不用极大的精力去应付来自各个方面的干扰；而延大地处陕北，既距生活近，又不嘈杂，是治疗青年狂妄症的好地方。在母校学习的三年，是我生活的转折点，我感谢延大！他告诫同学们：有抱负的人，应该先看看别人的成果，这样就会少走弯路；基础知识很重要，应该扎扎实实学好吃透；在经历了枯燥之后才会进入诗的意境，不要异想天开，想入非非……

不知不觉中，时间已经到了。但大家都觉得还有很多话要谈。走出会场，路遥又和一些同学合影留念，依依话别。他告诉大家："这次能回母校参加校庆，我非常高兴。"

这两段文字出自1988年10月8日第7版《延安大学报》上的新闻特写：《"我感谢延大！"——路遥与母校同学对话》。这篇新闻特写生动地还原了优秀校友路遥与母校同学对话的场景。

"我感谢延大"，这句话尽管非常朴实，但却道出了路遥的心声。

路遥在陕西省作协自己办公室外面。(郑文华摄)

第八章
倒在干渴的路上

延安大学是路遥"温暖的摇篮",是他永远感念在心的母校。

《平凡的世界》在中央人民广播电台播出的另外一个结果是,直接带动纸质图书的销量。《平凡的世界》第一部问世时只印了三千册,可一经电台连续播出,叩动了千百万听众的心,竟使作品供不应求。出版社只好不断加印,以满足读者需求。

《平凡的世界》公开面世后,虽然赢得了无数读者与广播听众,但是文学界的反响较为冷淡。而《文学评论》常务副主编、著名文学评论家蔡葵,在《光明日报》1988年12月16日发表《〈平凡的世界〉的造型艺术》公开支持路遥。这令路遥非常激动,他专门在1988年12月31日给蔡葵回了一封长信。路遥也在此信中较为系统地谈及自己的文学观念与人生追求。

在这封信中,路遥谈道:"您应该看得出来,我国文学界对这部书是冷淡的。许多评论家不惜互相重复而歌颂一些轻浮之作,但对认真努力的作家常常不屑一顾。他们一听'现实主义'几个字就连读一读小说的兴趣都没有了。好在我没有因此而放弃我的努力。六年来,我只和这部作品对话,我哭,我笑,旁若无人。当别人用西式餐具吃中国这盘菜的时候,我并不为自己仍然拿筷子吃饭而害臊。"

"茅盾文学奖"是我国最高的文学奖项,能获此殊荣,意味着获

1991年3月，路遥在第三届茅盾文学奖颁奖大会上。

得国家文学体制的表彰。1991年元月，我国作家所期待已久的第三届"茅盾文学奖"到了终评阶段。按照评奖条例，路遥用六年时间精心创作的长篇小说《平凡的世界》，由出版单位中国文联出版公司报送至中国作家协会的评奖办公室。

1991年3月10日，《人民日报》发表第三届"茅盾文学奖"获奖作品的揭晓消息。这是官方正式消息，《平凡的世界》不仅获奖，而且排名第一。应该说，这是对路遥坚持以史诗般品格反映中国社会变迁的现实主义文学创作手法的肯定。

3月16日，《文艺报》刊发茅盾文学奖终评委蔡葵等7人的署名文章《主题重大，题材广泛，风格多样——众评委高兴地评说第三届茅盾文学奖》,进一步解读这届茅盾文学奖获奖作品。其中,评委蔡葵这样解读《平凡的世界》:"像《平凡的世界》在中央人民广播电台播出,深受广大听众欢迎,听众来信达2000余封,创中央台《小说连播》节目听众来信量历史之最。此后,许多省又重播了这部作品,都收到了轰动效应。"评委朱寨也认为:"从艺术角度看,我很欣赏《平凡的世界》,这么长的三部头,作者一气呵成,毫无虎头蛇尾之感,这在近年的长篇创作中并不多见。"

1991年3月路遥荣获第三届茅盾文学奖后,陕西省对路遥进行表彰。

路遥荣获茅盾文学奖的证书

颁奖大会定于 3 月 30 日在京举行。路遥的作品排名第一,他既要代表获奖者致辞,也要接受新闻媒体的专题采访。为此,他忙得不亦乐乎。

路遥非常看重这份作为获奖者代表的致辞,认为它既不能过于张扬,又必须清楚准确地表达自己的文学主张。为了写好它,他设计了多种思路,但都一一否定,最后用 3 天时间才撰写成《生活的大树万古长青》的 1400 字的发言稿。他着重强调自己"把笔磨秃了写"的理念,在其中用平实但又耐以琢磨的语言传达自己的文学思考。

3 月 30 日,颁奖大会在北京国际大饭店召开。在颁奖大会上,路遥代表获奖者致辞。但是,他没有念事先精心准备的《生活的大树万古长青》,而是换成了一篇不足 500 字的"致辞"。

非常感谢评委们将本届茅盾文学奖授予我们几个人。本来,还应该有许多朋友当之无愧地领受这一荣誉。获奖并不意味着作品的完全成功。对于作家来说,他们的劳动成果不仅要接受当代眼光的评估,还要经受历史眼光的审视。

以伟大先驱茅盾先生的名字命名的这个文学奖,它给作家带来的不仅是荣誉,更重要的是责任。我们的责任不是为自己或少数人写作，而是应该全心全意全力满足广大人民大众的精神需要。我国各民族劳动人民创造了辉煌的历史、壮丽的生活，也用她的乳汁养育了作家艺术家。人民是我们的母亲，生活是艺术的源泉。人民生活的大树万古长青，我们栖息于它的枝头就会情不自禁地为此而歌唱。只有不丧失普通劳动者的感觉，我们才有可能把握社会历史进程的主流，才有可能创造出真正有价值的艺术品。因此，全身心地投入到生活之中，在无数胼手胝足创造伟大历史、伟大现实、伟大未来的劳动人民身上领悟人生的大境界、艺术的大境界应该是我们毕生的追求；因此，对我们来说，今天的这个地方就不应该是终点，而应该是一个新的起点。

"大道至简"。这份致辞非常简短，干净利落、言简意赅，概括更为准确，内涵更为丰富，在平凡与质朴中呈现深刻与博大，准确地传达了路遥的文学思考，足见路遥的表达功力，也堪称文学获奖致辞中的范本。

荣获第三届"茅盾文学奖"，是路遥长期在文学之路上艰苦跋涉得到的一次热烈而隆重的掌声，他需要这次响亮的掌声，他也有资格领受这样响亮的掌声。

中国作协副主席、著名文艺评论家冯牧认为："如果全国进行文

报告会上谈笑风生的路遥。

学比赛的话,陕西是当之无愧的冠军。从杜鹏程的《保卫延安》、柳青的《创业史》到路遥的《平凡的世界》,都在中国当代文学史上占有灿烂的一页。"

　　站在领奖台上的路遥,仍保持着高度清醒的头脑。路遥在颁奖大会致辞中强调:"对于作家来说,他们的劳动成果不仅要接受当代眼光的评估,还要经受历史眼光的审视。"这是他的视野,也是他的胸襟与人生态度。

第八章
倒在干渴的路上

撰写创作随笔《早晨从中午开始》

1991年秋，路遥开始撰写创作随笔《早晨从中午开始》。为何要撰写这个关于《平凡的世界》创作历程的随笔呢？

路遥在《早晨从中午开始》的结尾部分专门说明写作原因：

> 从最早萌发写《平凡的世界》到现在已经快接近十年。而写完这部书到现在已快接近四年了。现在重新回到那些岁月，仍然使人感到一种心灵的震颤。正是怀着一种对往事祭奠的心情，我才写了上面的一些文字。
>
> 无疑，这里所记录的一切和《平凡的世界》一样，对我来说，都已经成了历史。一切都是当时的经历和认识。随着时间的流逝和社会生活以及艺术的变化发展，我的认识也在变化和发展。许多过去我所倚重的东西现在也许已不在我思考的主流之中；而一些我曾轻视或者未触及的问题却上升到重要的位置。

早晨从中午开始

——《平凡的世界》创作随笔

献给我的弟弟王天乐

1

在我的创作生活中，几乎没有真正的早晨。我的早晨都是从中午开始的。这是多年养成的习惯。我知道这习惯不好，也曾好多次试图改正，但都没有达到目的。这应验了那句古老的话：积习难改。既然已经不能改正，索性也就听之任之。在某些问题上，我是一个放任自流的人。

通常情况下，我都是在临晨两点到三点左

第八章
倒在干渴的路上

一个人要是停留在自己的历史中而不再前行,那是极为可悲的。

但是,自己的历史同样应该总结——只有严肃地总结过去,才有可能更好地走向未来。

正因为如此,我才觉得有必要把这一段经历大约地记录下来。

促使我写这篇文章的另一个原因是,许多报刊根据道听途说的材料为我的这段经历编排了一些不真实的"故事",我不得不亲自出面说一说自己。

可以说,这些文字肯定未能全部记录我在写作这部书时的生活经历、思想经历和感情经历,和书中内容平行漫流的曾是无数的洪流。我不可能把所有的那一切都储蓄在记忆里;尤其是一些稍纵即逝的思想火花和许多无名的感情溪流更是无法留存——而那些东西才可能是真正有光彩的。不过,我总算把这段经历的一个大的流程用这散漫的笔调写在了这里。我不企望别人对这些文字产生兴趣,只是完成了我的一个小小的心愿而已……

当然,促成撰写此文最直接的原因就是,1991年秋天,著名文艺评论家、陕西师范大学中文系畅广元教授准备主编一本研究陕西当代著名作家创作心理的评论集,选取五位在全国享有盛名的一级作家,路遥名列其中。这本书的最大特色是,采取青年评论家、作家和评论家三极对话、相互呈现的评论方式,不光评论家写文章,作家也要回答问题。

畅广元是陕西省有代表性的文艺评论家,早在20世纪80年代初,就撰写过《表现新时代的美——论路遥作品的美学特色》等评论,他的工作路遥自然认真支持。事前开过一个座谈会,路遥到会出席,并在最后发言:"讲实话,不是一件容易的事,特别是对有了影响的作家。我担心这次搞三极对话,弄不好会成为相互唱和,结果反倒是好话连篇。希望这次能说到做到,面对作品,不讲情面,讲点实在的东西。"

这次座谈会上,确定与路遥对谈的青年评论家是陕西师范大学中文系副教授李继凯,著名文艺评论家是陕西省文联的肖云儒先生。不久后,李继凯很快写出研究路遥创作心理的长篇论文《矛盾交叉:路遥文化心理的复杂构成》,肖云儒也写出长篇评论《路遥的意识世界》。

路遥阅读后对畅广元说:"文章写得很认真,有不少话说到点子上了。当然,我也有我的想法,我一定要认真写一篇文章作答。"

畅广元自然很是高兴:"好极了,我就希望这样。看来这本书会撰写出水平来的。"

"畅老师，你主编这本书，我鼎力支持。这次我下决心回答评论界朋友提出的一些问题。"路遥说着，便到写字台的抽屉里拿出一个本子，翻开一页对畅广元说："提纲我已经拟好，写四个问题：一、关于创作中作家的情感；二、作家的态度和人物性格；三、评论家的视野与作家的艺术感受；四、关于黄土地。你觉得这样写行不？"

在路遥仔细讲解写作内容后，畅广元情不自禁地说："太好了，就这样写，这才是路遥。……"

为了促成此事，畅广元先后两次到路遥家催稿。路遥反复说："我一定写好，一定完成任务。"

这样，路遥又开始启动了《早晨从中午开始》的写作航程，并为了写稿主动放弃率中国作家代表团赴泰国访问的机会。路遥当时是有病在身，畅广元索要"文债"，才促成这篇创作随笔的写成。某种意义上，畅广元教授的无意之举，却使路遥在生命的后期留下一部真实反映《平凡的世界》创作心态、过程乃至文学理解的重要创作随笔。

路遥这篇创作随笔的副题"献给我的弟弟王天乐"，表明是专门为多年来照顾自己创作的三弟王天乐而写的。他甚至在这篇随笔中

专门用一节来谈王天乐在自己生活与创作中的作用。

路遥的心情也传导在他的文章中。他在《延河》杂志1992年1期上刊发的随笔《杜鹏程：燃烧的烈火》，既用更深沉的笔端表达对文学前辈的敬意，也有对自己身体的深深担忧。

> 二十多年相处的日子里，他的人民性，他的自我折磨式的伟大劳动精神，都曾强烈地影响了我。我曾默默地思考过他，默默地学习过他。现在，我也默默地感谢他。在创作气质和劳动态度方面，我和他有许多相似之处。当他晚年重病缠身的时候，我每次看见他，就不由想到了自己的未来。我感到，他现在的状况也就是我未来的写照。这是青壮年时拼命工作所导致的自然结果。但是，对某一种人来说，他一旦献身于某种事业，就不会顾及自己所付出的代价。这是永远无悔的牺牲……

一语成谶。十多个月后，路遥竟真的追随杜老而去了。这是令人难过的事情。

路遥是位有诚信的人，他在身体如此状况下，硬是出色完成了字字泣血的创作随笔。

《早晨从中午开始》的首发媒体是铜川矿务局主办的《铜川矿工

报》。铜川矿区是路遥孕育和创作《平凡的世界》的重要场所,这也是他回报铜川人民的一种现实考虑。

随后,又在陕西省妇联主办的青年杂志《女友》上连载。这份刊物当时每期发行一百万册,路遥选中它,主要是因它的高稿费和在青年中广泛的社会影响。

后来,《早晨从中午开始》被收入畅广元主编的研究作家创作心理的《神秘黑箱的窥视》,并由陕西人民教育出版社于1993年出版。

《早晨从中午开始》,是路遥在人生的最后瞬间迸发出的生命强光,也是揭开路遥创作之谜的一把钥匙。好在,他抢时间、赶速度,在可能预感到生命行将结束时把这把钥匙完完整整地交给了读者。

倒在干渴的路上

进入1992年，路遥身体愈发变坏起来，情绪也变得越来越忧郁了。完成创作随笔《早晨从中午开始》后，路遥还没有来得及喘气，又开始一个新的任务，即选编《路遥文集》。这个动议是由陕西人民出版社的图书编辑、作家陈泽顺提出的。陈泽顺是北京知青，也是路遥在延大中文系上学时的低一年级同学。对于出版社的这个建议，路遥当然积极响应，认为"出版这套文集是我前半生的一个重大事件"，他马上又投入文集稿件的整理编辑工作中去了。

陈泽顺后来回忆："我非常小心地向路遥提出，为他编选和出版一套包括到目前为止作品的《路遥文集》……这次，他不但爽快地答应了我的要求，并且表现得十分兴奋。他甚至对我说：编辑和出版这套文集，是他前半生的重大事件。我们一起在我的书房里商定了编选原则。他不让我沾手，他说这正好是一种休息，一定要亲手编选。"

第八章
倒在干渴的路上

路遥生前自选作品、陕西人民出版社1993年出版的五卷本《路遥文集》。

路遥就是一团燃烧的烈火,他一旦投入工作,就像炉中煤一样激情澎湃。可是,他毕竟还是个病人啊。

1991年秋天以来,中共陕西省委开始中国作协陕西分会主席人选的考察工作,路遥是陕西省第一位荣获"茅盾文学奖"的作家,组织协调能力又特别强,自然就是作协主席最合适的拟任人选。路

遥甚至一度心血来潮,开始以更大的激情来谋划省作协换届后的改革与建设问题。

4月6日下午,路遥竟亲自抱着一个巨大的提包,汗嘘嘘地到陕西人民出版社陈泽顺家里提交夜以继日剪贴整理好的《路遥文集》稿件。

1992年8月,路遥住进延安地区人民医院后,责任编辑陈泽顺想尽一切办法出版《路遥文集》。可是,一个巨大的遗憾是,路遥直至病逝,他仍然没有看到那套五卷本的文集。

进入6月,路遥的身体更加虚弱了,伴随着肝疼、腹胀等症状,还出现发寒、高烧等新情况。这是他身体突发性病变的一个重要信号,但路遥却忽视了。他开始闹起拉肚子,却不知这"拉肚子"已经是肝硬化腹水的前奏。路遥在渐渐逼近的死亡面前,仍然固执己见,一次次地错失治病的好时机。此时的他,脆弱的生命之弦已经绷到极致,稍微加一点点外力就要折断了。

路遥回到延安的真实目的,是要请求他的老师、时任延安大学校长的申沛昌教授帮助解决《路遥文集》征订事宜。在当时的情况下,没有三千册征订数,出版社是不会开印《路遥文集》的。

8月6日,早晨8时左右,路遥背着墨绿色的背包,走出了作协陕西分会的大门。到西安火车站后,路遥又买了两瓶矿泉水,步

第八章
倒在干渴的路上

路遥用过的喝水缸子

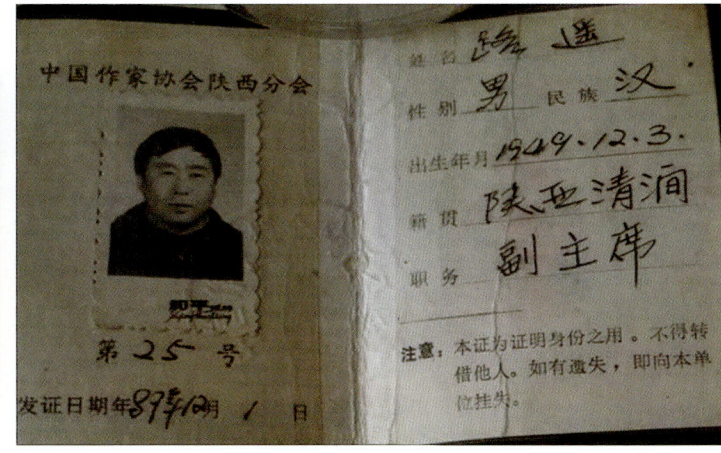

路遥的作协会员证

履沉重地登上西安开往延安的火车。这是他有生以来第一次坐火车回陕北。西延铁路自1992年8月1日正式开通客运专列后,这是第五天运行。

路遥上了火车,就躺在卧铺上。长达九个多小时的长途旅行,他连床铺也没下,更没喝一口买好的矿泉水。在火车的颠簸中,他的肝疼剧烈,浑身一点力气都没有了。

下午5点左右,路遥终于硬撑到终点站延安站,他已经再也没有力气自己走下车厢了,来接站的朋友们只好上车搀扶着他下车。当晚,他病倒在延安宾馆。

路遥病倒在延安宾馆,延安的朋友们赶来看他,发现他脸色黄

路遥病危住院期间的西京医院。（郑文华摄）

而泛青，什么都不愿意吃，认为他一定是得了重病，就三番五次地要陪他上医院看病，可他就是不肯，说自己带着药。朋友们又建议路遥在延安休息几天后还是要回到西安，毕竟西安的医疗条件好。路遥继续摇头说：没必要，没有事。怎么能没事？最后在大家的软硬兼施之下，路遥才同意入住延安地区人民医院。

延安地区人民医院尽最大努力治疗，但路遥的病情明显不能好转。这样，他情绪烦躁，身体日渐消瘦，甚至彻夜失眠，服用安眠药也起不到丝毫作用。会诊医生得出结论：初步诊断是因腹水感染

第八章
倒在干渴的路上

引发肝区疼，再无发现异常病症；根据路遥目前病情发展状况，建议让他尽快转院治疗……

路遥是陕西的著名作家，省里领导非常重视，不断了解路遥的病情和治疗情况。鉴于路遥病情较重，延安医疗设备和技术有限，并根据路遥的意见，决定转西安治疗。

9月5日，在回到延安一个月后，路遥转院回西安治疗。当天傍晚，路遥入住第四军医大学附属西京医院传染病科区七号病房。

9月6日上午，西京医院就下了"病危通知"：肝炎后肝硬化（失代偿期），并发原发性腹膜炎。

这样，路遥的病情不断反复，时好时坏。他也在病床上挣扎了两个多月，顽强地与病魔做着斗争。

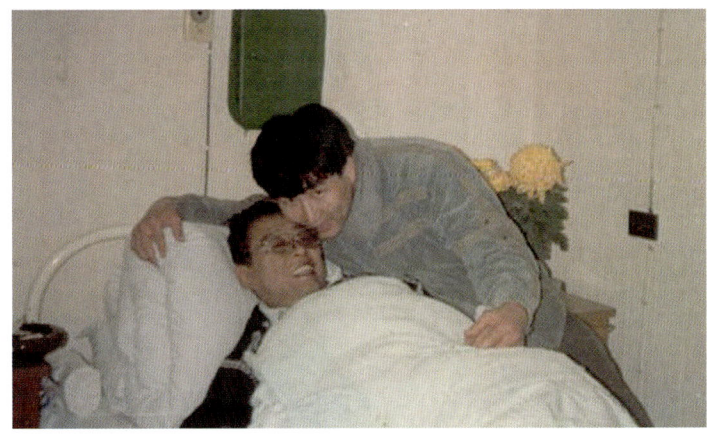

1992年11月，病危中的路遥与弟弟王天笑在西京医院的留影。（资料照片）

10月下旬，我们这本《路遥画传》的作者之一、时任延安大学校长的申沛昌教授乘去西安开会之便，赶到西京医院看望路遥。当申沛昌告诉路遥五万元出书经费已经解决时，他蜡黄的脸上露出了欣慰的笑容，用他那干枯的大手费力地紧握申沛昌的手，连说"谢谢"……在此之前，延安大学专门召开校党政会议，校长申沛昌教授亲自拍板，预订路遥价值五万元的《路遥文集》，这样才确保了《路遥文集》的顺利出版。而这五万元，在1992年是一笔不小的数目，这里面有着母校对优秀学子的殷殷牵挂。

11月13日，也就是星期四的下午5点左右，《路遥画传》的作者之一厚夫专门从延安赶到西京医院去看望路遥。厚夫对此印象非常深，据他回忆，当时的路遥，跟夏天回延安养病时的情形简直是判若两人。他已经又瘦又小，满脸焦黑，在病床上蜷曲着。厚夫感觉战栗而恐怖，感到他像一堆燃过了旺火的焦炭。好在，他虽身染沉疴，头脑却很清晰，也很高兴。

1992年11月17日上午8时20分，路遥的生命之弦彻底绷断，他的人生永远定格在这一时刻。从这一刻起，路遥再也没有醒来，他的灵魂离开了他挚爱着的平凡的世界与这个世界上的人们，回归到大地那里去了……

当日，新华社陕西分社发出消息稿：

第八章
倒在干渴的路上

新华社西安 11 月 17 日电 以小说《人生》《平凡的世界》而享誉文坛的作家路遥，今天被无情的病魔夺去了年轻的生命。长期艰辛的创作使他积劳成疾，终因肝硬化、腹水引起肝功能衰竭，于今晨 8:20 在西安西京医院猝然离世……

路遥离世时，离他生命的第 43 个年头仅差 16 天。

路遥病逝的消息通过电波传到全国各地后，引起社会各界的极大震动，各界人士纷纷沉痛悼念，唁电、花圈、挽联、挽幛等，从全国的四面八方雪片般地飞到中国作协陕西分会的大院。

中宣部办公厅、中宣部文艺局、中国作家协会、中国文联、中华文学基金会，以及全国绝大多数的省级作协发来唁电、打来电话；

人民文学出版社、中国文联出版公司、《人民文学》杂志社、《当代》编辑部、《收获》编辑部、上海文艺出版社等全国几十家文艺出版社、编辑部发来唁电、打来电话；

巴金、张光年、冯牧、秦兆阳、陈荒煤、马烽、玛拉沁夫、西戎、孙谦、胡正、朱寨等文坛前辈发来唁电、打来电话；

王蒙、张锲、孟伟哉、蒋子龙、冯骥才、王安忆、张抗抗、李锐、陆文夫、赵本夫、周梅森、张一弓、张贤亮、周涛、陈世旭、王润滋、温小钰、汪浙成、舒婷、叶延滨、史铁生、蔡翔、公刘、凌力、蒋韵等实力派作家、诗人发来唁电、打来电话；

阎纲、蔡葵、周明、顾骧、陈骏涛、何西来、白烨、刘茵、何启治、王富仁、周介人、叶咏梅、南云瑞、谢望新等实力派文艺评论家、编辑发来唁电、打来电话；

刘忠德、郭超人等国内多位政界官员发来唁电、打来电话；

远在美国的电影导演吴天明得知消息后，专门打回涉洋电话，请人代送花圈；

路遥与吴天明合影。（柏雨果摄）

第八章
倒在干渴的路上

路遥逝世后，妻子林达和女儿路远（后改名为路茗茗）在路遥遗像前的文字倾诉。（郑文华摄）

　　还有陕西省上至省委书记张勃兴、省长白清才，下到众多的普通民众送来花圈、挽幛；

　　还有全国各地众多的普通干部、工人、农民、大学生——路遥的忠实读者，发来唁电，送来花圈……

　　吊唁期间，西安市电信局的四五个年轻职工，每天从早到晚，不停地从电信局送递唁电、唁函到作协大院。据作协陕西分会内部刊物《陕西文学界》的不完全统计，参加路遥病逝悼念活动的人有上千人之众……

　　1992年11月21日，路遥遗体告别仪式在西安三兆公墓举行，陕西省各界人士500多人含泪送别路遥。中共陕西省委副书记刘荣惠、省人大常委会副主任牟玲生、副省长徐山林、省委组织部部长支益民等陕西省领导参加了追悼大会。陕西作协党组书记赵熙主持并介绍路遥生平，时任省作协副主席的陈忠实致悼词《告别路遥》……

1992年11月21日，著名作家陈忠实在路遥遗体告别仪式上致辞。（郑文华摄）

尾声

永远的路遥

路遥虽然永远地离开了他所热爱的土地与人民,但并没有远去,而是通过作品不断影响着社会各个阶层的读者,他的生命在作品中得以延续。

1992年12月，路遥创作随笔《早晨从中午开始》，由西北大学出版社出版。

1993年1月，五卷本《路遥文集》由陕西人民出版社出版；同月，《路遥中篇小说名作选》由陕西人民出版社出版。

1993年2月，航宇《路遥在最后的日子里》由陕西师范大学出版社出版。

1993年5月，路遥创作随笔《早晨从中午开始》由中国文联出版公司出版。

1993年6月，晓雷、李星编《星的殒落——关于路遥的回忆》由陕西人民出版社出版。

1993年11月17日，路遥病逝一周年纪念日，陕西省青年杂志《文友》编辑部决定将已举办四届的"未来作家征文大奖赛"更名为"路遥青年文学大奖赛"，以路遥的精神激励广大文学青年。据统计，首届"路遥青年文学大奖赛"有10多万名参赛者投稿参赛。

1994年10月，《平凡的世界》由华夏出版社出版。

1995年1月，国内第一本研究路遥的学术专著、兰州大学中文系赵学勇教授的《生命从中午消失——路遥的小说世界》由兰州大学出版社出版；同月，由张春生改编、李志武绘画的连环画《平凡的世界》由陕西师范大学出版社出版。

1995年6月,《路遥小说名作选》由华夏出版社出版。

1995年10月,《首届路遥青年文学奖获奖作品集》由漓江出版社出版发行。

1995年11月17日,即路遥病逝三周年纪念日,路遥骨灰安葬在路遥母校延安大学的文汇山上,路遥纪念馆启动仪式同时举行。母校延安大学在其三周年祭日以隆重的仪式回葬这位优秀校友,给他提供永远可靠的遮风挡雨的屏障与安息之地。这样,路遥漂泊而思索的灵魂永远回归到生养他的黄土地中了。路遥的灵魂重回延安大学后,他墓园前的鲜花从没有断过,来自全国各地的文学爱好者们经常来此扫墓与祭奠,表达对一代著名作家的深深怀念。事实上,路遥墓已经成为延安大学乃至整个陕北的一道文化风景⋯⋯

1995年11月,《延安大学报》关于路遥骨灰安葬于延安大学的报道。

中国作协党组原副书记王巨才题写的"路遥之墓"。(袁广斌摄)

延安大学学生在路遥墓前开展纪念活动。（袁广斌摄）

延安大学学生在路遥墓前开展纪念活动。（袁广斌摄）

延安大学路遥文学社学生祭扫路遥墓。（袁广斌摄）

《路遥文集》责任编辑陈泽顺为路遥墓捐赠的石桌。（袁广斌摄）

《平凡的世界》责任编辑李金玉为路遥墓捐赠的石桌。（袁广斌摄）

尾 声
永远的路遥

延安大学学生在路遥墓下方申沛昌题写的"文汇山"山名石旁学习。（袁广斌摄）

1997年9月，路遥中短篇小说集《路遥获奖小说精选·人生》由经济日报出版社出版。

1997年12月，王西平、李星、李国平合著的《路遥评传》由太白文艺出版社出版。

1998年1月，《第二届路遥青年文学奖作品集》由《女友》杂志社出版。

1998年3月，《中国当代作家选集·路遥集》，由人民文学出版社出版。

1998年9月，《第三届路遥青年文学奖作品集》《第四届路遥青年文学奖作品集》由《女友》杂志社出版。

1998年，中国科学院生态环境研究中心国情研究室受中央电视台《读书时间》栏目委托，进行"1978—1998大众读书生活变迁调查"，《平凡的世界》在"到现在为止对被访者影响最大的书"中排名第六位，是调查公布的前28部作品中的"新时期以来"的唯一一部。

1998年，广西大学在广西地区进行的"茅盾文学奖获奖作品调查"中，《平凡的世界》是读者购买最多与最喜欢的作品。

1999年，《平凡的世界》被评为"百年百种优秀中国文学图书"（1900—1999）之一。

2000年3月，宗元《魂断人生——路遥论》由上海文艺出版社出版。

2000年7月，列入"百年百种优秀中国文学图书"系列的《平凡的世界》由中国青年出版社出版。

2000年8月，《人生》由时代文艺出版社出版。

2000年10月，姚维荣《路遥小说人物论》由新加坡文艺出版社出版。

2001年，中央人民广播电台应听众的强烈要求，第二次在"文艺频道"的《长篇联播》节目中播出152集的《平凡的世界》。

2001年9月，广州出版社和太白文艺出版社联合出版《路遥全集》。这是国内第一次出版以"全集"命名的路遥文集。

2002年8月，《平凡的世界》由贵州人民出版社出版。

2002年10月，由张春生改编、李志武绘画的连环画《平凡的世界》再次由人民美术出版社出版，此书荣获第九次全国美术作品展览铜奖。

2002年11月17日，由延安大学、延安市人民政府、榆林市人民政府、陕西省作家协会共同举办的"路遥逝世十周年纪念大会暨学术报告会"在延安大学举行；同日，延安大学"路遥研究会"成立。

路遥研究会和本书三位作者向路遥墓敬献的花篮。（袁广斌摄）

  2003年1月，国内第一篇路遥研究综述文章《路遥研究述评》在《延安大学学报》（人文社科版）2003年第1期刊出。

  2003年8月，榆林路遥文学联谊会编《不平凡的人生》，内部印行。

  2004年3月，连环画《人生》由人民美术出版社出版。

  2004年5月，列入"茅盾文学奖系列丛书"的《平凡的世界》由人民文学出版社出版。

尾声
永远的路遥

2003—2004年,在中国大陆七所高校"大学生信仰状况"问卷调查中,《平凡的世界》在"对你影响最大的书"一栏名列榜首。

2005年5月,五卷本《路遥文集》由人民文学出版社出版。

2005年6月,贺智利《黄土地的儿子——路遥论》由中国文联出版社出版。

2006年1月,马一夫、厚夫主编的《路遥研究资料汇编》由中国文史出版社出版。

路遥墓地的白皮松已经长成一丈多高,这是路遥生前非常喜欢的树种。

路遥画传

2006年4月，廖晓军《路遥小说的艺术世界》由三秦出版社出版。

2006年4月6日，由中国作家协会、中华文学基金会、陕西省作家协会与延安大学联合举行了路遥汉白玉雕像揭幕仪式。此重达三吨的路遥半身汉白玉雕像安放在延安大学校园内。

2006年4月安放于延安大学兰蕙园的路遥雕像。

2006年4月，工人们在路遥墓前安放路遥雕像。

2006年4月6日，著名作家陈忠实在路遥雕像揭幕仪式上讲话。（袁广斌摄）

曾经安放于延安大学旧图书馆前的路遥铜像（后被盗）。（袁广斌摄）

2006年5月,《世纪文学六十家·路遥精选集》由北京燕山出版社出版。

2006年6月,由雷达主编、李文琴选编的《路遥研究资料》由山东文艺出版社出版。

2007年10月,申晓主编的《守望路遥》由太白文艺出版社出版。

2007年11月,由马一夫、厚夫、宋学成主编的《路遥纪念集》由人民文学出版社出版。

2007年11月15日,"怀念路遥"图片展暨《守望路遥》首发式在西安建筑科技大学开幕,展出路遥生前照片200余幅。

路遥为朋友申晓题赠的字,这是路遥为数不多的毛笔题赠。(资料照片)

尾 声
永远的路遥

2007年11月17日，由延安大学、陕西省作家协会、榆阳区人民政府、延川县人民政府、吴起县人民政府共同主办的"路遥逝世十五周年纪念大会暨全国路遥学术研讨会"在延安大学举行；同日，延安大学"路遥文学馆"举行正式开馆揭牌仪式，王蒙题写馆名，王巨才、陈忠实等揭牌，路茗茗专门发来感谢信《瞭望父亲精神的窗口——写在延安大学路遥文学馆开馆之际》，新华社专门发稿报道此事。

路遥文学馆开馆仪式。时任中国作协党组副书记王巨才和中国作协副主席陈忠实为文学馆揭幕。（袁广斌摄）

2008年6月，阎惠玲《路遥的小说世界》由中国文联出版社出版。

2008年9月，马一夫、厚夫、宋学成主编的《路遥再解读——路遥逝世十五周年全国学术研讨会论文集》，由陕西人民出版社出版。

2008年10月，新浪网"读者最喜爱的茅盾文学奖获奖作品"调查，《平凡的世界》以71.46%的比例高居榜首。

2009年3月12日，北京十月文艺出版社与中国现代文学馆联合举行纪念路遥座谈会。

2009年8月1日—10月14日，应广大听众的再次强烈要求，中央人民广播电台在"文艺频道"的《长篇联播》节目中第三次播出150集配乐长篇小说《平凡的世界》。

2009年11月，石天强《断裂地带的精神流亡——路遥的文学实践及其文化意义》由北京大学出版社出版。

2009年11月17日，路遥纪念室在路遥母校延川中学建成。

2009年，《平凡的世界》入选中国社会科学院文学研究所主持的"六十年与六十部——共和国文学档案"。

2009年，《人生》入选《中华读书报》评选的"六十年六十书"。

2009年12月，日本学者安本实教授翻译的日文版《路遥小说选》由日本中国书店出版。

2010年1月，北京十月文艺出版社推出六卷本《路遥全集》。这是第二种以"全集"命名的路遥文集。

2010年11月20日，由八集纪录片《路遥》剪辑而成的45分钟《路遥》在凤凰卫视《我的中国心》栏目播出。

2011年3月24日，由中国作家协会、陕西省委宣传部、陕西省作家协会等多家单位联合主办的大型人物纪录片《路遥》新闻发布会在西安举行。

2011年3月28—30日，纪录片《路遥》剪辑成三集《路遥》由中央电视台科教频道（中央10台）《人物》栏目播出。

2011年6月11—12日，由中国人民大学文艺思潮研究所与美国哥伦比亚大学东亚系联合举办的"路遥与八十年代文学的展开"国际学术研讨会在北京举行。

2011年9月11—18日，八集人物纪录片《路遥》完整版首次在中央电视台纪录片频道《时代写真》栏目播出。

2011年9月，由傅博创作的电影文学剧本《路遥》在《电影文学》（半月刊）2011年第18期刊发。

2011年10月11日，纪录片《路遥》获第七届中国纪录片国际选片会评选的"年度十大纪录片"大奖。

2011年12月3日，路遥纪念馆在陕西省清涧县石咀驿镇王家

位于榆林市清涧县石咀驿镇王家堡村的路遥纪念馆。（郭伟摄）

堡村开馆。该馆总占地面积5332平方米，建筑面积1006平方米。

2012年2月，山东大学文学院在全国十省市进行"茅盾文学奖获奖作品"阅读调查，读过路遥《平凡的世界》的读者占被调查者的38.6%，位列所有茅盾文学奖获奖作品第一位。

2012年11月15日，延安大学路遥研究会与文学院共同举办纪念路遥逝世20周年座谈会与扫墓仪式。

2012年11月16日，陕西省作家协会，榆林市文联，清涧县委、县政府共同在清涧县路遥纪念馆举行路遥逝世20周年纪念活动。

2012年11月17日，纪念路遥中国名家书画作品展在北京举行。

2012年12月1日，由中国当代文学研究会、鲁迅文学院、北京十月文艺出版社与《收藏界》主办的"中国文学的回望与思考——纪念路遥逝世20周年座谈会"在鲁迅文学院举行。

2012年，在"文明中国"全民阅读调查中，《平凡的世界》荣获2012年读者最想读的图书第二名；同年，由北京市委宣传部等十七家单位组织的"大众有奖荐书活动"中，《平凡的世界》更是荣登榜首。

2013年3月，张艳茜《平凡世界里的路遥》由陕西人民出版社出版。

2013年5月，北京十月文艺出版社的第二版《路遥全集》出版。

该全集是国内迄今为止收录最全的《路遥全集》。

2013年11月17日,位于延川县郭家沟村的"路遥故居文化园区"正式接待游客。

2013年12月16日,《文艺报》推出"经典作家"之"路遥研究"专版。

2014年2月,王刚《路遥纪事》由北京时代华文书局出版发行。

2014年3月19日,由杨阳执导的根据路遥中篇小说《人生》改编的30集同名电视连续剧在央视八频道上演。

2015年1月,厚夫《路遥传》由人民文学出版社出版发行。

2015年2月26日,由路遥长篇小说《平凡的世界》改编的同名电视连续剧在东方卫视与北京卫视同步开播,共56集。

2015年5月18日,袁广斌在《中国青年报》发表《让路遥成为延大校园文化的一面旗帜》。

2016年11月,王刚编著《路遥年谱》,由北京时代华文书局出版,此书系《路遥纪事》的更名版。

2016年11月30日,中共中央总书记、国家主席习近平在全国第九次作代会、第十次文代会开幕式致辞中说,"路遥的墓碑上刻着'像牛一样劳动,像土地一样奉献'"。号召文学家、艺术家要深入生活、扎根人民,坚持以人民为导向的创作情怀。

尾　声
永远的路遥

陕西省绥德县满堂川电视连续剧《平凡的世界》取景点之一。（袁广斌摄）

陕西省绥德县满堂川电视连续剧《平凡的世界》取景点之二。（袁广斌摄）

陕西榆林神木高家堡电视剧《平凡的世界》取景地之一。（袁广斌摄）

陕西榆林神木高家堡电视剧《平凡的世界》取景地之二。（袁广斌摄）

尾声
永远的路遥

陕西省绥德县满堂川电视连续剧《平凡的世界》取景点之三。（郭伟摄）

路遥荣获的"改革先锋"证书

路遥荣获的"改革先锋"奖章

2017年5月,张艳茜著《路遥传》由陕西人民出版社出版。

2017年12月26日,陕西人民艺术剧院由孟冰编剧、宫晓东导演的《平凡的世界》在第三届陕西现代文化艺术节上演,由此开启该剧的演出之旅。

2017年,韩文版《人生》由韩国Wisdom house 出版社出版,译者허유영。2018年7月,杨晓帆学术专著《路遥论》由作家出版社出版。

2018年8月,延安大学路遥与知青文学研究中心获准陕西高校哲学社会科学重点研究基地建设。

2018年12月14日,《光明日报》第14版整版刊发梁向阳理论文章《路遥:"像牛一样劳动,像土地一样奉献"》。

2018年12月18日,在中共中央、国务院举行的"庆祝改革开放四十周年大会"上,路遥以"鼓舞亿万农村青年投身改革

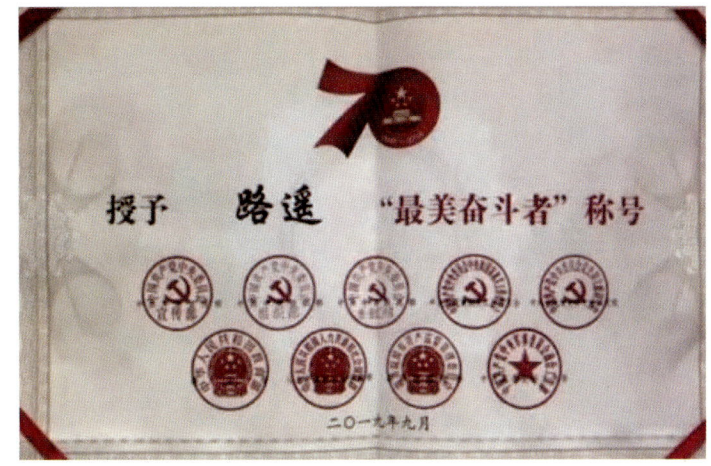

路遥荣获的"最美奋斗者"证书

开放的优秀作家"荣获"改革先锋"称号。他是受表彰的一百位"改革先锋"之一。

2019年1月27日,中央电视台"新闻联播"以《路遥：鼓舞亿万城乡青年投身改革开放》为题报道路遥事迹。

2019年9月,路遥荣获中共中央宣传部、中共中央组织部等九部委评选的中华人民共和国成立七十周年"最美奋斗者"。

2019年9月,上海戏剧学院孙祖平根据厚夫《路遥传》为蓝本编剧的舞台剧《路遥的世界》由延安大学师生公演。该剧2020年10月在陕西省人民政府主办的"第九届陕西省艺术节"上获"文华剧目奖"。

2019年10月20日,由中央电视台录制的"故事里的中国"《平凡的世界》大型文化访谈节目,在央视一套晚黄金时间播出一个半小时。

2019年11月4日,申沛昌在《文艺报》发表《奋斗是路遥人生的主旋律》。

2019年11月17日,申沛昌、厚夫、袁广斌主编的《路遥与延安大学》由新华出版社出版发行。

2019年11月29日,袁广斌在《中国教育报》以半个版面的篇幅,发表《让青年学子像路遥一样奋斗成才》。

2019年,英译本《人生》(英文版书名《life》)出版,译者为Chloe Estep,美国西雅图Amazon Crossing出版。英译本据北京十月文艺出版社的《人生》(第二版)译出。

2020年6月,陕西省戏曲研究院创排的大型秦腔现代戏《路

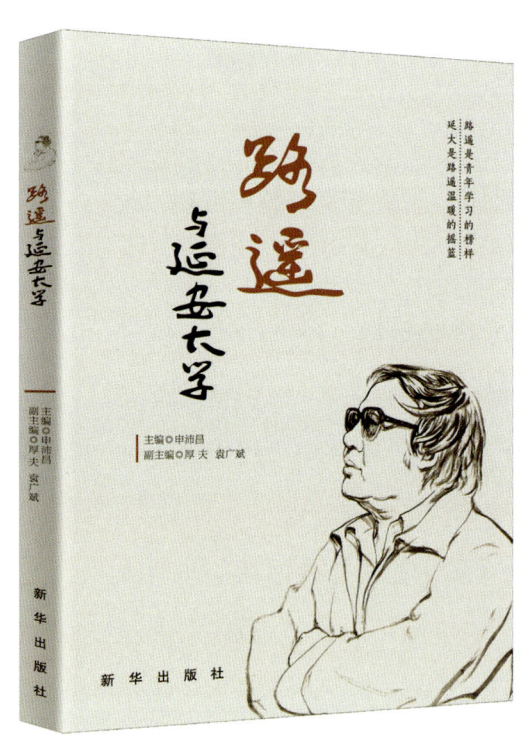

新华出版社2019年出版的图书《路遥与延安大学》首发。(牛敏摄)

遥的世界》开始公演。

2020年7月,袁广斌在《延河》文学月刊头条发表5万字纪实散文《在温暖的摇篮里——路遥大学时期学习生活纪事》。

2021年2月,西安话剧院由唐栋编剧、傅勇凡执导的话剧《路遥》开始公演。

2021年4月,北京出版集团与马来西亚汉文化中心合作,并由马来西亚汉文化中心组织翻译的马来西亚文版《平凡的世界》推介到马来西亚。

2021年,路遥被中宣部确定为建党百年100位重点宣传的共产党员。6月6日,新华社发通稿《用文学给予奋斗者精神力量》。

2021年6月18日,《文艺报》头版头条发表梁向阳长篇文章《路遥:坚定地书写时代》。

2021年7月12日,由申沛昌、张春生、厚夫、袁广斌撰写的《路遥的大学时代》由新华出版社出版发行。

尾 声
永远的路遥

2021年7月12日,在《路遥的大学时代》首发座谈会上,新华出版社向延安大学赠书。(徐翔摄)

正如著名作家贾平凹所言:"他是一个优秀的作家,他是一个出色的政治家,他是一个气势磅礴的人,但他是夸父,倒在干渴的路上。他虽然去世了,他的作品仍然被读者捶读,他的故事依旧被传颂……"

路遥的故事,未来仍将不断被传颂……

本书作者申沛昌（中）、厚夫（右）、袁广斌（左）。（梁相斌摄）

后 记

延安大学是路遥的大学母校。1973年秋，路遥在最渴望上大学的时候，延安大学敞开胸怀接纳了他。路遥到延安大学中文系读书，从根本上改变了他的人生方向。进入大学，路遥有机会储备充足的文学能量，拥有更为广阔的文学视野。三年后，路遥从延安大学毕业，分配到当时的陕西省文艺创作研究室《陕西文艺》编辑部工作，一跃飞到省城，飞到他做梦都渴望的省级文学期刊当编辑，开始了他的文学远征。1988年7月27日，路遥已经为延安大学赠言："延大啊，这个温暖的摇篮……"；当年9月，延安大学五十周年校庆期间，路遥在母校的文学讲座中深情地说："在母校学习的三年，是我生活的转折点，我感谢延大！……"

延安大学对路遥的呵护与支持也是无私的与一贯的。1992年，路遥在病重期间出版《路遥文集》，学校在资金困难的情况给予五万元的资助。1995年11月17日，路遥病逝三周年纪念日，学校在文汇山隆重安葬了路遥。2002年11月17日，学校成立了路遥研究会。2007年11月17日，学校建成国内第一个路遥纪念专馆延安大学路遥文学馆。2018年9月，学校的路遥与知青文学研究中心获批陕西高校哲学社会科学重点研究基地。

自2002年起，延安大学开始编辑印刷不定期内部刊物《路遥研究》等路遥研究资料，先后编辑出版了《路遥研究资料汇编》（中国文史出版社2004年版）《路遥纪念文集》（人民文学出版社2007年版）《路遥再解读》（陕西人民出版社2008年版）《路遥 路遥——〈路遥传〉评论、访谈集》（湖南文艺出版社2016年版）《路遥与延安大学》（新华出版社2019年版）《路遥的大学时代》（新华出版社2021年版）多部重要资料。此外，厚夫还撰写了《路遥传》（人民文学出版社2015年版）《重回历史现场看文学现象——延安文艺与路遥散论》（人民出版社2018年版）等著作。

这本《路遥画传》是我们在新华出版社出版的第三本关于路遥的书籍。今年正值路遥逝世三十周年纪念年份，新华出版社专门致信给延安大学党委书记张金锁教授与校长高子伟教授，希望委托我全权统筹编撰《路遥画传》，编出一本适合全国大学生阅读的"图文并茂"的经典读物。为此，学校十分重视此项工作，召开专门的会议，选派精兵强将编撰此书。在此书的具体编撰工作中，我负责统筹协

后 记

调与统稿工作；陕西省作家协会副主席、延安大学路遥与知青文学研究中心主任梁向阳（厚夫）教授负责撰写文字稿；陕西省高校校报研究会理事长、延安大学校报主编、路遥研究会副会长兼秘书长、高级编辑袁广斌负责路遥图片的收集、整理工作并撰写了图片文字说明。令我非常感动的是，延大中79级优秀校友、新华出版社原社长梁相斌先生拨冗作序，使这本书增添了亮色。

这部书稿得到该社副总编辑徐光女士与资深编辑李成先生的精心编辑，以及美术编辑的认真设计。应该说，这本《路遥画传》具备了图文并茂、简洁明快的特点，也非常适合大中小学学生阅读。

再次感谢新华出版社匡乐成社长、许新总编辑，感谢延安大学张金锁书记、高子伟校长，感谢所有为这本书付出辛勤劳动的朋友。

申沛昌

2022年9月23日 于延安大学